Serge Schall

Le BioJardin pas à pas

Collection Pas à Pas

Édisud

LE JARDINAGE BIOLOGIQUE

Plus personne ne relèverait cet incroyable pléonasme qui en dit long sur les dérives opérées en quelques décennies. Oserait-on parler de « nature naturelle » ou de « mer aquatique » ?

Le jardin devrait être un lieu de foisonnement de la vie. Et force est de constater qu'après des dizaines d'années où la chimie s'y est installée, et avec elle les mauvaises habitudes défiant tout bon sens, jamais elle n'a été aussi peu représentée dans ces petits coins de paradis.

Imposés à l'amateur, les produits chimiques n'ont même pas fait l'objet de discussion, alors que l'air du temps laissait croire que tout était possible, à tout moment et presque partout. En parallèle, la distribution proposait, et propose toujours, des fraises en hiver, des tomates hors saison, des melons pour la table du réveillon de Noël !

Le jardinier a lentement délaissé sa vision naturaliste qui embrassait la complexité naturelle marquée de toutes les interactions possibles pour endosser des réflexes de technicien, croyait-il, pour qui un seul problème rencontre sa solution.

L'exception culturale française

En bout de compte, notre pays se distingue, une fois de plus, par une consommation effrénée d'engrais chimiques et de pesticides largement supérieure à celle constatée dans les autres pays développés. Pire, les amateurs pèsent autant que les agriculteurs en ce domaine. C'est à la fois incompréhensible et révoltant lorsqu'on sait qu'ils ne sont soumis à aucune obligation de résultat ni de rentabilité.

Définition du jardinage « bio »

L'actuel jardinier amateur baigne dans un nouveau contexte. Il est plus attentif à sa qualité de vie, à sa santé, on lui parle de « filière bio » à tout propos, de « traçabilité », de réflexes d'« éco-citoyen ». Il veut vivre sainement et être considéré comme quelqu'un de responsable. Mais, souvent néophyte en ce domaine, il a besoin d'être accompagné.

Si on considère la pratique jardinière au fil des siècles, les techniques classiques sont parvenues inchangées jusqu'à ce curieux épisode chimique qu'il est temps de clore.

Pour l'essentiel, jardiner bio revient à redécouvrir le jardinage de grand-papa. Plutôt que de parler de « jardinage bio », il serait plus judicieux de le qualifier de jardinage raisonnable ou raisonné.

Mais les temps changent, et un nouveau jardinier a vu le jour, avec, pour tout bagage, une approche toute citadine et une folle envie de renouer le contact avec la terre. Pour lui, le temps est compté, les résultats doivent être rapides, les contraintes réduites au minimum. En outre, il apporte son lot

Le jardinage bio invite à redécouvrir le charme simple et sans prétention des jardins naturels

Manger des légumes sains est une des premières préoccupations du biojardinier

Le biojardinage concerne aussi le jardin d'ornement…

de problèmes nouveaux et de comportements inédits. Il est sensible aux attentions portées à la planète, il économise l'eau, l'énergie, il trie ses déchets et veut maintenant une maison la plus écologique possible : l'éco-citoyen se prolonge en éco-jardinier. Il veut bien jardiner bio si ce n'est pas compliqué, contraignant, salissant ou tristounet.

Vers un éco-jardinage facile

Reste à le guider dans des voies faciles à comprendre et surtout à mettre en œuvre, le moins contraignantes possible, pour qu'il deviennent un éco-jardinier sans même sans apercevoir.

Mais il ne pourra pas faire l'économie d'une petite révolution intellectuelle. En effet, il doit apprendre à considérer les événements dans un cadre large, penser son jardin dans sa globalité et dans un environnement complet.

Avant, il sortait son pulvérisateur à la vue du moindre puceron et tuait sans distinction les insectes utiles dans un même temps. Maintenant, il devra tolérer la vie sous toutes ses formes et la présence de quelques parasites.

Autrefois, il nourrissait ses plantes et les rendait plus vulnérables aux parasites ; aujourd'hui, il devra nourrir son sol.

Jusqu'alors il passait du désherbant sur toutes les herbes non désirées, il faudra lui expliquer leur utilité.

Sa poubelle domestique regorgeait de déchets verts ; il va les réutiliser tout en allégeant la collecte des ordures ménagères.

Il devra admettre de ne plus bêcher son potager, mais simplement d'aérer la terre.

Et par-dessus tout, il devra jardiner avec la nature, et plus contre elle. Utiliser des plantes adaptées à sa région climatique, retrouver les rythmes saisonniers, devenir patient, produire pour couvrir ses simples besoins et ses envies.

…sans oublier les cultures traditionnelles

Au verger aussi le changement de comportement est radical

Bien utiliser ce livre

Laissez-vous accompagner « pas à pas » vers une pratique responsable du jardinage. Dans ce cheminement, il y aura en premier lieu de grandes enjambées. Elles aboutissent à des changements aussi radicaux que nécessaires et urgents : l'abandon complet des pesticides et des engrais chimiques, par exemple.

Il y aura des pas dont l'allure sera moins rapide. Vous aurez le temps de renoncer au labour, de faire votre compost, d'économiser l'eau, de vous convaincre du bien-fondé du paillage. Tout le monde pourra adopter ce nouveau mode de jardinage, sans connaissances spéciales ni contraintes supplémentaires. Il suffit de suivre la **"♣ Piste facile"** signalée.

En fin de chaque chapitre, les points essentiels sont repris sous forme d'aide-mémoire.

Et puis il y aura des chemins de traverse pour ceux désireux d'en savoir plus, d'en faire plus au prix d'un peu plus de travail. Les jardiniers qui voudront faire leur propres préparations végétales, produire leurs graines, approfondir et découvrir les innombrables associations, bonnes et mauvaises, entre les plantes. Ceux-là suivront aussi la **"♣ ♣ Piste pour progresser"**.

Chaque chapitre a donc deux niveaux de lecture, pour contenter tout le monde, mais dans tous les cas, un large place est consacrée aux explications, car il est capital de comprendre avant d'agir dans ce domaine.

Et parce que le jardin revêt souvent la forme d'un balcon ou d'une terrasse, un chapitre synoptique leur est consacré.

En guise de point de repère une synthèse bio est consacrée au potager, au verger et aux rosiers, grands chapitres au jardin.

L'approche du jardinage bio est globale, mais elle doit se plier au découpage en chapitres pour sa présentation et certains choix peuvent paraître arbitraires. Par exemple, le paillage pourrait être détaillé dans celui sur le désherbage, comme dans ceux consacrés à l'humus, aux économies d'eau ou l'utilisation des déchets du jardin.

Le jardinage bio commence sur un simple rebord de fenêtre

LE SOL : VOYAGE AU CENTRE DE LA TERRE

Le sol est replacé au centre de tous les soins

Le sol, carrefour de toute la vie au jardin, doit être le centre des préoccupations du jardinier bio. Sa bonne santé conditionne toutes les autres démarches. Sans bonne terre point de bonnes récoltes. Il est utile de le rappeler, après des décennies de culture intensive.

Le sol sert à la fois de lieu d'ancrage pour les plantes qui s'y fixent par leurs racines et de source de nourriture pour les organismes végétaux. Si l'on ignore cette deuxième fonction, on apporte les éléments nutritifs aux plantes sous forme directement assimilables : les engrais chimiques. En maintenant les plantes « sous perfusion », leurs rendements sont toujours plus exaltés, mais elles sont fragilisées et réclament toujours plus de pesticides pour se défendre. En outre, l'équilibre de la vie dans le sol est rompu, le sol s'appauvrit et « meurt », et les excédents d'engrais sont lessivés vers les nappes phréatiques.

Au contraire, si on considère le sol dans son ensemble, on renoue avec le cercle vertueux de l'équilibre. En culture bio, on entretient la fertilité du sol qui à son tour nourrit les plantes.

Le cloporte ignore le poireau

Un sol en bonne santé fourmille de vie. Algues et champignons microscopiques, bactéries, animalcules et petits animaux à peine visibles, vers et arthropodes, rongeurs fouisseurs, chacun y mène sa vie et boucle son cycle biologique dans l'ignorance de l'autre. La dure loi naturelle « manger et être mangé » y est une constante. Considéré du simple intérêt du jardinier, tout concourt à la prospérité des plantes, même si le cloporte ignore complètement le poireau au-dessus de sa tête. La préoccupation du jardinier bio est donc de favoriser en permanence le foisonnement de la vie, sous terre et au-dessus, sous toutes ses formes. Le tri se fait ensuite presque tout seul.

Le biojardinier peut aussi compter sur certaines plantes amies, comme les légumineuses dont fait partie le haricot

Comment aborder le sol ?

Le jardinier peut le définir par sa nature (chimique, son pH...) par la teneur en éléments nutritifs, par sa texture, son aération, sa capacité de rétention en eau, par l'intensité de la vie qui y règne.

Il peut aussi le considérer en strates, plus ou moins épaisses, de la surface vers les profondeurs, etc.

Mais il doit surtout avoir une vision d'ensemble du sol qu'il foule de ses pieds. Ainsi, il garde à l'esprit ses trois réflexes « je nourris, je texture et je corrige, éventuellement, mon sol ».

Il est capital d'entretenir le réservoir de nourriture qu'est la terre

Humus contre engrais chimiques

Nourrir le sol plutôt que les plantes revient à entretenir un bon taux d'humus, par l'utilisation d'engrais organiques, par exemple. L'humus est un fertilisant de couleur sombre et de consistance grumeleuse provenant de la dégradation des matières organiques. Il favorise l'aération du sol, la rétention d'eau et il est le siège d'un intense vie microbienne. Mais par-dessus tout, il retient (on dit qu'il adsorbe) les éléments nutritifs et les restitue au fur et à mesure aux plantes.

En revanche sont déclarés indésirables les engrais chimiques solubles dont l'origine n'est pas identifiée comme organique : le sulfate d'ammoniaque, le nitrate de soude, le nitrate d'ammoniaque (ammonitrate), le chlorure et le sulfate de potasse, le superphosphate, et, bien sûr, les associations d'engrais et d'insecticides ou d'herbicides.

Recyclage en sous-sol

Toute une armée d'éboueurs souterrains s'active sans relâche à transformer la matière organique. Le nombre pour les quantifier ne doit pas même exister tant ils sont nombreux. Une seule poignée de terre contient plus d'êtres vivants qu'il y aura jamais d'hommes sur la planète.

Une simple feuille tombée au sol est d'abord prise en charge par les insectes, les vers de terre et une foule d'animaux microscopiques (acariens, protozoaires…). Elle est broyée, déchiquetée, et ses fragments transportés dans le sol.

Les vers de terre sont les alliés les plus précieux et les plus actifs dans l'enrichissement du sol

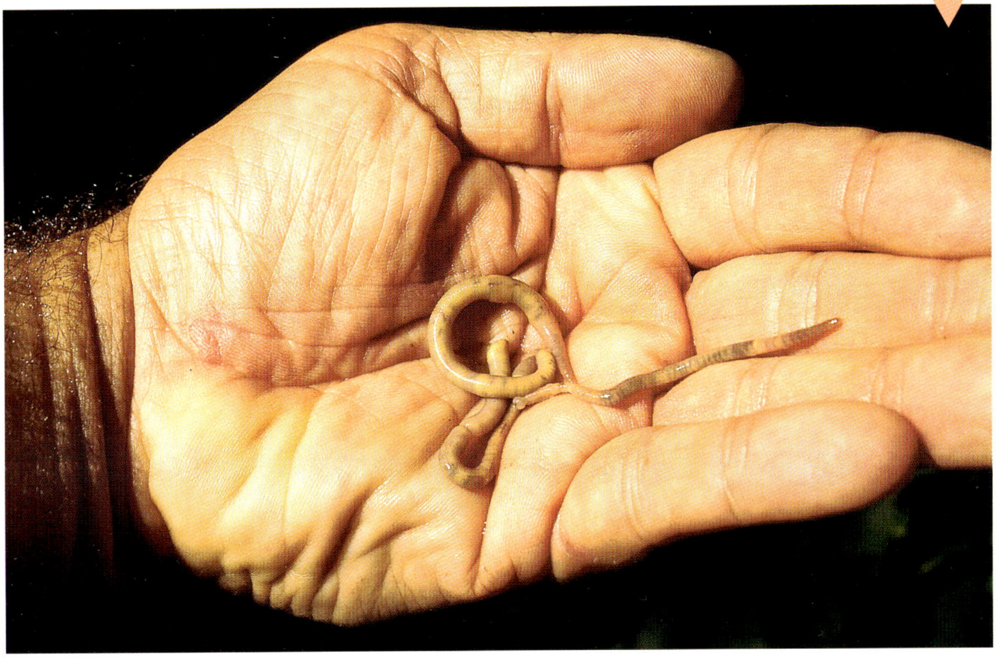

Les galeries creusées pour cet intense travail assurent aussi une bonne aération en sous-sol.

La flore souterraine (bactéries, champignons...) entre en scène pour décomposer la matière organique en molécules directement assimilables par les plantes, et en molécules plus complexes entrant dans l'élaboration de l'humus.

Le deuxième effet des microorganismes du sol

Un sol appauvri en matière organique se tasse, est exposé à l'érosion par le vent et l'eau, l'air y circule mal, et les plantes poussent moins bien. En outre, elles sont plus sensibles aux maladies. En effet, les microorganismes moins nombreux dans le sol laisse plus le champ libre aux agents pathogènes, notamment au niveau de la rhizosphère, cette mince couche de sol présente autour des racines. En favorisant la vie, on exalte cette simple compétition pour la place.

À retenir :

- Je favorise la vie souterraine.
- J'entretiens l'humus dans le sol.

Une foule de petits animaux fouisseurs participent à l'aération du sous-sol, telles les fourmis

Les vers rouges sont présents dans les fumiers - Placez-en une poignée dans votre compost

Qui sont ces microorganismes ?

En plein cœur de l'été creusez la surface de votre tas de compost (voir page 17 et suivantes comment le fabriquer) sur quelques dizaines de centimètres, vous serez surpris de voir grouiller la vie. C'est sans compter les formes invisibles, encore plus nombreuses

Champignons filamenteux et levures

Ils assurent la décomposition de la cellulose et de la lignine. Les filaments peuvent former un réseau de plus de 150 millions de kilomètres à l'hectare !

Bactéries

Une multitudes d'espèces participe à la décomposition de la matière organique et à la libération d'éléments minéraux qui en découle, directement assimilables par les plantes. Un seul gramme de terre peut en contenir plus d'un milliard.

Actinomycètes

Ce sont des bactéries particulières, filamenteuses, rappelant les champignons. Plusieurs millions de ces organismes par gramme de terre dégradent la cellulose et la lignine.

Algues

Elles sont présentes dans les premiers centimètres du sol (100 000 par gramme de terre). Les algues bleues fixent l'azote atmosphérique et les restituent sous forme d'azote assimilable par les plantes. Les vertes constituent un apport de matière organique, car elles prolifèrent grâce à la photosynthèse.

Arthropodes

Ils assurent la fragmentation des débris végétaux. Larves d'insectes, acariens, fourmis, cloportes, mille-pattes, microcrustacés… participent à ce travail.

Protozoaires

Les protozoaires sont des prédateurs des microorganismes du sol. Ils contribuent ainsi à l'équilibre des populations de microbes. 1 gramme de terre contient entre 1 et 1,5 million d'amibes ciliées ou flagellées.

Nématodes

Un gramme de terre en abrite plusieurs millions. Ces petits vers ronds se nourrissent de déchets végétaux et animaux, mais certains sont des parasites des plantes dont ils mangent les racines.

Lombrics

Plus d'une tonne à l'hectare pour des terres fertiles. Ils transportent en profondeur les débris végétaux ramassés en surface, et creusent de nombreuses galeries. Agglomérés avec de la terre, ils sont ensuite excrétés en surface sous forme de petits tortillons, ou turricules, un excellent fertilisant. 40 à 120 tonnes de turricules par hectare et par an ! Pas étonnant que les vers de terre soit les vedettes des jardiniers !

Protégez particulièrement les cloportes : ils se chargent de la décomposition des débris végétaux et creusent le sous-sol

LE TRAVAIL DU SOL

Labourer ou pas, tel est le dilemme du jardinier bio. Ce geste ancestral est si ancré dans son inconscient qu'il est peu enclin à l'abandonner. Pourtant, il constitue un véritable chamboulement saisonnier, et la logique voudrait qu'on laisse le motoculteur ou la bêche de côté.

À quoi sert le labour ?

Le labour est le retournement de la couche superficielle du sol. Cette pratique permet d'ameublir et d'aérer la terre et la rend plus facilement cultivable. En même temps, elle permet d'enfouir les amendements et les engrais organiques dans le sol.

Les tenants du labour avancent à juste titre qu'il permet d'enfouir les graines des mauvaises herbes en profondeur et de les annihiler, de faire remonter les larves des insectes indésirables qui sont dévorés par les oiseaux, et permet d'éliminer les cailloux et les gros débris de racines.

Mais les opposants affirment avec juste raison que c'est un non-sens. En effet, le labour revient à enfouir en profondeur la couche superficielle du sol riche en microorganismes utiles, dont la plupart sont aérobies, c'est à dire qu'ils dépendent de la présence d'oxygène pour vivre. La strate superficielle est aussi la plus riche en éléments nutritifs, qui sont enfouis à une profondeur où les racines de certains légumes n'ont pas accès. En un mot, un véritable gâchis.

♣ **Piste facile**

Se passer du labour

Il faut retenir le bon usage du labour, à savoir l'aération du sol. Dans beaucoup de cas, il est inutile, par exemple, sur les parcelles de terrain déjà cultivées. Un simple décompactage sans retournement des couches de terre est nécessaire.

Pour procéder, il existe des outils adaptés : grelinette, aérabêche, et même la simple bêche à dents que vous avez déjà est suffisante.

Le travail du sol doit être superficiel, comme ici avec le griffage

La grelinette à 5 dents

Comme pour le labour traditionnel, progressez à reculons pour ne pas piétiner le sol fraîchement travaillé.

Enfoncez les dents jusqu'à la garde, et imprimez quelques mouvements d'avant en arrière avec les manches, et brisez la croûte superficielle.

Un seul passage suffit, mais vous pouvez affiner le travail en passant un râteau.

Pour les plus petites étendues, et aussi moins fatigante à manipuler, il existe une grelinette à 3 dents.

Labour, toujours

Dans certaines circonstances, le labour peut sembler indispensable. Par exemple, dans la mise en culture d'une parcelle laissée longtemps inculte et dont le sol est compact, ou pour les grandes étendues.

Dans ce cas, préférez l'usage de la bêche accompagnée d'une bonne dose de courage, ou utilisez

À retenir :

- Je laboure seulement les parcelles à mettre en culture pour la première fois.
- J'aère et je décompacte superficiellement.

le motoculteur, avec discernement. Pensez à le munir d'un accessoire à dents pour briser la semelle de labour qui ne manque pas de se former, et réduisez la vitesse de progression pour ne pas trop émietter la terre.

Si votre terre est lourde et argileuse, le labour est pénible et inutile. Différez au printemps.

Le griffage

Le travail superficiel du sol s'accommode d'un simple griffage, pour enfouir les engrais verts, les fumures, ou ameublir le sol avant les semis par exemple.

Dans tous les cas, pensez à la profondeur nécessaire à la culture des plantes. Inutile de travailler le sol de la hauteur d'un fer de bêche si vous devez semer des radis ou des salades !

Une parcelle envahie de mauvaises herbes réclame un bêchage. Mais attention ! utilisez une bêche à main pour extirper le plus possible de grosses racines, surtout s'il s'agit d'éliminer chiendent et liseron.

Évitez le motoculteur qui broie ces racines et en disséminent les fragments, assurant un véritable bouturage ! Invasion garantie !

Le liseron fait partie des mauvaises herbes récalcitrantes - Jetez toutes ses parties au feu ou dans la poubelle

LES AMENDEMENTS

Pour corriger la nature du sol avant la mise en culture, ou simplement pour entretenir ses propriétés physico-chimiques et nutritionnelles, vous pouvez être amené à l'amender. Un pH corrigé, une meilleure aération du sol, un apport d'éléments nutritifs et l'entretien de l'humus sont les garants des bonnes récoltes et des floraisons généreuses.

♣ Piste facile

Allégez le sol...

Une bonne aération du sol permet la bonne circulation de l'air, de l'eau et favorise la production de racines. À l'inverse, un terrain lourd et compact retient l'eau, qui favorise l'asphyxie racinaire et le développement des pourritures.

...en le nourrissant

Certains amendements ont aussi un rôle nourricier. C'est le cas du compost, des engrais verts, des terreaux (voir les chapitres correspondants) et des fumiers dont il existe deux sortes : les fumiers chauds (de cheval, de mouton...) et les fumiers froids (de volaille, de vache, de lapin...).

Utilisez-les tous les 3 ou 4 ans, notamment dans le respect des rotations des cultures au potager (voir ce chapitre) en quantité : 3 à 400 kg pour 100 m^2.

À savoir

- N'utilisez jamais de fumier frais, il cause des brûlures aux racines, mais un fumier stocké depuis plusieurs mois.
- Fumiers chauds pour les terres argileuses, fumiers froids pour le sols calcaires et siliceux.
- Pensez à en incorporer une couche dans le tas de compost.

Pitié pour les tourbières

La tourbe

La tourbe est issue de la lente décomposition de mousses, de sphaignes des lieux marécageux. Pratiquement dépourvue d'éléments nutritifs, elle sert à assouplir les sols et à retenir l'eau. Elle se présente sous forme pulvérisée, à dissocier et à humecter avant utilisation, à raison de 2 litres/m^2.

Réservez-la aux petites étendues et à la culture en pots pour limiter sa consommation.

Préférez la terre de coco, aux mêmes doses. Son nom est trompeur, car il ne s'agit pas de terre mais d'un résidu fibreux provenant de l'épaisse écorce qui entoure la noix de coco que nous consommons. C'est donc une source perpétuellement renouvelée tous les ans au moment de la récolte.

Les tourbières ne sont pas seulement une source de matière première dans laquelle prélever la tourbe jusqu'à épuisement du stock. Ce sont de fragiles écosystèmes riches en flore et en faune entièrement dépendantes, plantes carnivores en tête. Il devient urgent de limiter leur exploitation.

Malins, les granulés !

Pour les petites surfaces et la culture en jardinières, le fumier est disponible en granulés. Encombrement moindre, stockage facilité, épandage propre, et surtout... fini les mauvaises odeurs. Et un simple sac de 40 à 50 kg suffit pour 200 m² de jardin. À adopter sans réserve.

♣ ♣ Piste pour progresser

Les amendements calcaires

L'apport de chaux est bénéfique à tous les types de sols, exception faite des sols très calcaires comme on en connaît dans le sud de la France.

En floculant les particules d'argile, la chaux rend les sols moins compacts. De plus, elle exalte la vie microbienne et fait augmenter le pH (15 à 50 g/m² entraîne une hausse d'une unité de pH).

Toutefois, son utilisation ne s'improvise pas. Vous devez impérativement faire une analyse de sol, puis corriger par touches successives, car les changements risquent d'être irréversibles.

Savoir chauler

La chaux agricole utilisée en jardinage traditionnel est à proscrire, car son action rapide peut se révéler un peu brutale.

À retenir :

- Je n'utilise pas de tourbe.
- J'amende ma terre avec du fumier.

Amendement	Dose d'utilisation	Action
Calcaire broyé	30 g à 200 g / 1 m²	Épandre en hiver, enfouir au début du printemps
Dolomie (chaux magnésienne)	30 g à 200 g / 1 m²	Même action, mais plus rapide. Contient 10 % de magnésie
Lithothamne	10 à 60 g / 1 m²	Sa porosité est utile dans les sols non calcaires
Cendre de bois	50 à 100 g / 1 m²	Enfouir par un léger griffage, ne pas laisser en surface, car elle se compacte

LE COMPOSTAGE

Produire le meilleur amendement organique « maison » qui soit en limitant la prolifération des déchets domestiques, c'est possible grâce au compostage. Un seul mètre carré est nécessaire pour ce geste éco-citoyen, alors, plus aucune excuse !

Le compostage est le résultat du travail des microorganismes du sol. Ces derniers transforment les déchets organiques en compost, produit humique utilisable au jardin. Autrefois, cette transformation concernait seulement les fumiers de ferme, trop frais pour être utilisés en l'état, mais le jardinier amateur a de tout temps su tirer parti de cette transmutation bénéfique. L'apparition des engrais chimiques a mis quelque peu cette pratique entre parenthèses, mais aujourd'hui le problème posé par la limitation des déchets domestiques la remet au goût du jour, y compris en ville.

On peut considérer le compostage de deux façons.

La première répond au souci de d'alléger sa poubelle domestique et de se débarrasser des volumineux déchets de jardin. La seconde est de produire en quantité suffisante le précieux compost. Cette deuxième voie demande un peu plus d'attention, pour ne pas dire de maîtrise. En effet, il ne suffit pas de s'en remettre à la simple biodégradabilité de tout déchet organique. C'est légèrement plus compliqué, mais tout à fait jouable par tout un chacun.

Quelle que soit la voie empruntée, il faut savoir que la bonne maturation du compost dépend de trois facteurs : l'humidité, l'oxygénation, et la nature des déchets.

♣ Piste facile

Le compost sans peine

Sa fabrication consiste à entasser les déchets organiques végétaux au fur et à mesure de leur production. Une tonte de gazon par-ci, quelques épluchures de légumes ou de fruits par là, et le volume grossit gentiment pour mûrir tranquillement au gré des saisons. À ce rythme, il suffit de vider le composteur un fois par an, de tamiser le compost et de recommencer.

Toutefois, pour un résultat parfait, nous conseillons d'observer quelques préconisations, valables également pour l'élaboration du compost dans les règles de l'art.

Nature des déchets

Tous les produits de nature végétale sont utilisables à condition qu'il n'aient pas subi de traitement chimique, nuisible aux microorganismes.

Il faut éviter les mauvaises herbes montées à graines, et les parties de plantes malades (qu'il est préférable de brûler).

La cuisine est grande pourvoyeuse de déchets – épluchures de légumes, de fruits, marc de café, thé infusé... et les coquilles d'œufs, qui sont les seuls sous-produits d'origine animale acceptés.

Mais rejoindront la boîte à ordures : les os, les restes de viande et de poisson, les produits laitiers et les graisses, comme le papier journal (pourtant toléré autrefois) à cause des encres, et les poussières de l'aspirateur. Le tas de compost n'est pas une décharge privée !

Le jardin, si petit soit-il, génère de gros volumes de déchets, tontes de gazon, résidus de taille et de récolte, feuilles mortes, mauvaises herbes, branchages...

Il est primordial de diversifier autant que possible les déchets mis à composter.

Certains sont plutôt riches en carbone (brindilles, fumier, paille, sciure, légumes, fruits...), d'autres en azote (mauvaises herbes, légumes et fruits...).

Les uns sont secs et coriaces (branchages, paille, feuilles mortes...), les autres sont gorgés d'eau (épluchures, fruits, herbe fraîche...).

Un petit broyeur électrique permet de réduire le volume des déchets de plus des 3/4

Le mélange judicieux de ces matériaux variés permet de dresser un tas parfaitement aéré pour maintenir une humidité sans excès et offrir un rapport carbone/azote permettant la prolifération des microorganismes décomposeurs. Il n'existe pas de dosage théorique parfait, mais l'appréciation vient rapidement au néophyte après quelques observations. Il suffit d'alterner le plus grand nombre de couches de déchets différents, de quelques centimètres chacune.

À noter : il est préférable de broyer les déchets avant de les ajouter au tas de compost, à la fois pour en réduire le volume et pour multiplier les blessures, donc les points d'attaque par les microorganismes.

Questions / réponses

De grandes moisissures blanches apparaissent dans mon compost.

Il est trop sec, pas assez aéré, sans doute étouffé par un lit de feuilles mortes que vous avez déposées sans les réduire.

Aérez, arrosez, et c'est reparti.

Il monte de mauvaises odeurs de mon composteur.

Trop de matières vertes, excès d'eau et mauvaise aération. Aérez et laissez sécher.

Mon compost évolue peu ou pas du tout.

Vos déchets sont trop tassés. Mauvaise aération.

Juste sous la première couche de déchets, ça grouille de bestioles.

Vers, moucherons, cloportes et larves pullulent ? Bravo votre compost est sur la bonne voie. Surtout ne touchez à rien !

Pratiquement tous les déchets du jardin et de la cuisine sont utilisables pour le compostage

Cendres et sciure

Peut-on incorporer au compost de la sciure et de la cendre de bois ?

Incorporer est le mot, car vous devez utilisez ces deux matériaux avec mesure. La sciure réclame beaucoup d'azote pour sa décomposition, et déséquilibre la microfaune ; les cendres en grande quantité ont tendance au colmatage lorsqu'elles sont mouillées.

Assurez-vous que toutes deux proviennent de bois ni peint ni traité, bien entendu.

♣ ♣ Piste pour progresser

Le compost du spécialiste

Produire un compost dans les règles de l'art suppose l'emploi d'une tout autre technique, dont il faut respecter le mode opératoire. Ici plus d'apport à la petite semaine mais une production en une seule fois du précieux amendement. Le stockage des déchets peut bien sûr s'étaler sur plusieurs mois, le temps nécessaire pour rassembler un volume suffisant. Le minimum requis est un « gros » mètre-cube au moins.

De préférence après broyage, disposez les matériaux en couches successives. Au fur et à mesure de la constitution du « sandwich » végétal, humidifiez et apportez éventuellement un activateur de compostage.

Sur les composteurs ouverts, déposez une bâche au sommet.

Opérez de préférence en fin de printemps ou en été pour amorcer le processus. Les deux ou trois premiers jours, il se produit un véritable coup de feu qui peut amener la température au « cœur du réacteur » à plus de 50 °C et qui offre une véritable stérilisation : les graines des mauvaises herbes sont inhibées, les agents pathogènes présents sur les débris végétaux détruits.

Durant trois semaines environ, la température décroît progressivement. Attention, la prolongation du coup de feu au-delà de trois jours peut être préjudiciable à la qualité du futur compost. S'il joue les prolongations, vous devez l'aérer.

Lors des deux premiers mois règne une très forte activité organique. Les microorganismes prolifèrent, la matière organique est décomposée avec un bon rendement.

Entre deux et six mois intervient alors la phase de maturation. La température se stabilise entre 20 et 30 °C, selon les saisons, à l'intérieur du tas. Les vers et les arthropodes vont proliférer pour produire un humus stable. Durant cette phase il est nécessaire de brasser régulièrement le tas de compost, à deux ou trois reprises. Il suffit de le découper en tranches verticales à repositionner à l'horizontale pour monter un nouveau tas.

À la fin de ce processus, le compost est mûr. Il dégage alors une bonne odeur d'humus, comparable à celui des sous-bois.

Comment utiliser le compost ?

Attention, ça y ressemble, mais votre compost n'est pas du terreau, et vous ne devez pas l'utiliser pur.

Une fois tamisé, vous l'emploierez à raison d'une à trois poignées par pot ou par jardinière, une pelletée au pied des gros arbustes ou des arbres, et en amendement au sol, en dispersant une couche de 5 à 10 cm sur toute la surface immédiatement enfouie par un léger griffage.

Quel composteur choisir ?

- Peu importe le matériau – plastique, grillage ou bois – un bon composteur privilégie avant tout une bonne aération.
- Préférez un modèle sans fond, à déposer directement sur le sol, pour permettre aux vers de terre d'accéder au compost.
- Un modèle d'un mètre-cube est suffisant pour une famille de 4 ou 5 personnes et un jardin de 500 à 800 m^2.
- Vous pouvez le bricoler vous-même, sans oublier de traiter le bois des piquets ou des planches, ou acheter un modèle du commerce plus décoratif pour quelques dizaines d'euros. Ce faible investissement est fait pour des dizaines d'années.

Utilisez le compost comme un engrais organique, jamais pur comme substrat de rempotage

Peu importe l'allure du composteur et les matériaux utilisés pour sa confection, dans tous les cas il doit favoriser une bonne aération

Un Alien *dans mon compost !*

Pas de panique. Ces gros « monstres » sont vraisemblablement des larves de cétoine, fréquentes dans le compost. À ne pas confondre avec celles de hannetons, à bannir. Pour les distinguer, rien de plus simple. Placez la larve au sol, celle du hanneton fait des reptations sur le flanc pour avancer. On l'élimine. Celle du cétoine se met à l'envers, et avance grâce à de petits poils durs situés sur son dos. Celle-là, on la garde

Les activateurs de compost

Vous trouverez sous cette appellation des produits très divers, tous destinés à accélérer le démarrage et la maturation du compost. Du simple azote ammoniacal (à 20 %) favorisant la microflore bactérienne jusqu'à des produits plus élaborés enrichis en levures, enzymes et bactéries.

De manière générale, tous les produits organiques ont la même fonction (sang séché, purin d'ortie, fumier ou jus de fumier…).

Vous pouvez faire l'impasse sur tous ces activateurs en saupoudrant simplement du compost bien mûr à vos déchets, à raison d'une couche uniforme de 5 cm tous les 30 cm en épaisseur.

Les activateurs de compostage sont très variés mais pas indispensables

À retenir :

- Dans la cuisine, je trie mes déchets compostables.
- Au jardin, j'utilise mes déchets végétaux sauf les parties malades et les plantes montées à graines.
- Je fais mon compost.

L'apport des déchets du jardin à votre déchetterie est un bon réflexe. Mais le compostage est onéreux pour la collectivité (jusqu'à 100 euros la tonne). Alors, pourquoi ne pas composter chez vous ?

LES ENGRAIS

Pas de jolies fleurs, de bons légumes ni de fruits délicieux et abondants sans une nutrition soutenue. En peu d'années, l'offre en engrais utilisables pour le jardinage biologique s'est considérablement élargie et il n'y a plus aucune raison d'utiliser plus longtemps les substances chimiques de synthèse.

Pour pousser, fleurir et fructifier, les plantes ont des besoins en éléments minéraux.. L'azote (N), le phosphore (P) et le potassium (K) sont les trois principaux éléments. D'autres macro-éléments sont indispensables, le calcium, le magnésium, le sodium, le fer et le soufre, comme le sont les nombreux oligo-éléments, cobalt, manganèse, zinc, cuivre...

Les réserves du sol, dans tous ces éléments, ou simplement dans le terreau d'un pot de fleurs, ne sont pas inépuisables, il est donc nécessaire d'apporter des engrais.

Sur les emballages figurent toujours trois chiffres indiquant respectivement les pourcentages de ces trois minéraux dans cet ordre.

Un engrais 5-7-10 renferme 5 % d'azote, 7 % de phosphore et 10 % de potassium.

Qu'est-ce qu'un engrais bio ?

C'est sa nature qui différencie l'engrais bio des engrais chimiques. Elle est d'origine végétale (vinasse de betterave, tourteau de ricin...), animale (corne ou sang séché, farine de plumes...) ou minérale (poudre de roche...).

Certains engrais ont une allure un peu « brute » et s'emploient tels quels, ils jouent souvent le rôle d'amendement également. Mais les engrais bio ne se limitent pas à la pelletée de fumier. Leur présentation est tout à fait semblable à celle des engrais chimiques : poudre, granulés, liquide, en bâtonnets, et leur formulation est aussi élaborée.

Vous ne pouvez pas vous tromper sur la nature d'un engrais : cherchez la mention **« Utilisable en agriculture biologique conformément à l'annexe II-A du règlement CEE n° 2092/91 modifié »**, présente sur les emballages.

Les engrais simples

♣ Piste facile

Les engrais simples sont utilisés purs, et servent quelques fois d'ingrédients pour les formulations spécifiques (voir chapitre suivant).

Tourteau de ricin

C'est un sous-produit de la fabrication de l'huile de ricin, riche en Azote (NPK 5-2-1,5). 1 kg de tourteau de ricin apporte autant d'azote que 18 kg de fumier !

Utilisez pour tous les végétaux lors de la plantation, puis en entretien.

De plus, il a un effet répulsif sur les taupes et les insectes du sol.

Vinasse de betteraves

La culture de levure sur la mélasse de betteraves à sucre donne un sous-produit liquide, la vinasse, cristallisé puis réduit en poudre. Très riche en potassium mais aussi en soufre elle favorise la floraison et la fructification.

Pour les fleurs et le potager, épandre au moment du semis ou de la plantation puis en entretien au printemps et en été. Suivez les préconisations du fabricant, car les teneurs en K varient de 20 % à près du double.

Utilisez en automne et toute l'année lors de la plantation des arbres et arbustes.

Se reporter aussi au chapitre des préparations végétales pour les purins de plantes.

Sang séché de volaille

Cet engrais fortement azoté (11 à 13 %) a une action rapide mais durable. Epandez d'avril à juin pour renforcer la croissance et faire verdir le feuillage. Dans les régions froides évitez de l'utiliser en fin d'été, les plantes continueraient à pousser et seraient exposées au gel.

Sang séché

Corne torréfiée et broyée

C'est un engrais issu des farines de cornes qui libère progressivement son azote (13 %) dans le sol. Broyée, elle s'incorpore dans le sol au moment de la plantation, car sa décomposition est lente (4 mois). Torréfiée, elle est sous forme pulvérisée et son action est plus rapide (2 mois), c'est alors un engrais d'entretien. Utilisez à raison de 100 à 150 g par arbuste ou par arbre ou de 4 à 7 kg par m^2 pour le potager et les massifs fleuris.

Corne broyée

Guano

Il provient de l'accumulation de fientes d'oiseaux marins.

Engrais complet (14-10-2) et oligo-éléments, à utiliser pour tous les végétaux dès la sortie de l'hiver et au printemps.

Incorporez au sol, à raison de 50 g / m², par un léger griffage suivi d'un arrosage.

Farine de plumes

L'azote contenu dans les farines de plumes (12 %) est lentement transformé dans le sol sous forme assimilable par les plantes. Vous devez donc l'incorporer en automne et en hiver pour les plantations à venir au printemps et en été. Apportez 50 g / m² à faire pénétrer par un léger griffage.

Poudre d'arêtes

Elle est obtenue à partir des déchets de poissons. Très riche en phosphore (25 %) mais aussi en azote (5 %) elle est indiquée pour tous les végétaux. Enfouissez à une dizaine de centimètres en automne et en hiver, car son action est progressive.

Fumier de cheval liquide

(Le fumier est traité dans le chapitre sur les amendements). Une nouvelle présentation liquide sous forme de jus de fumier de cheval permet de l'utiliser de manière pratique même pour les plantes en pots. Il s'adresse à tout type de plante en arrosage tous les 15 jours, pendant la période de végétation.

Lithothamne et poudre de roche

Voir encadré dans le chapitre sur la fertilisation foliaire..

Phosphate naturel

Il est extrait et broyé puis tamisé pour être utilisé sans autre transformation. Très riche en phosphore (25 à 30 %) directement assimilable par les plantes, son action est néanmoins prolongée.

Arbres, arbustes et fleurs, mais surtout légumes et fruits sont concernés, au printemps et en automne.

Cendre de bois

Elle enrichit le sol en phosphore (2 %) et en potasse (5 %) tout en faisant barrage aux limaces et escargots (voir le chapitre sur la protection des cultures).

Une cheminée domestique ou un poêle à bois fournit toujours plus de cendre que nécessaire au jardin

Les formulations spécifiques

♣ Piste facile

Rien de plus simple pour changer vos habitudes d'achat en matière d'engrais. Il suffit de garder les mêmes réflexes, mais en passant à des produits bio. Tout est fait pour faciliter le choix du consommateur, car tous les besoins sont couverts. Les fabricants ont même transposé la présentation des produits.

Vous êtes adepte des bâtonnets d'engrais ? ne changez rien. Vous avez une préférence pour les engrais liquides à diluer ? ils sont à votre disposition. Vous êtes attentifs à vos rosiers, à vos agrumes ou à vos plantes d'appartement ? Toutes les formulations existent.

Ah, si tout était aussi simple en matière de Bio !

De l'universel au spécifique...

Pour la maison, vous trouverez des engrais universels liquides, en bâtonnets ou en granulés pour vos plantes d'appartement, vos jardinières fleuries et vos potées, mais aussi des formulations pour les géraniums, les agrumes et les plantes aromatiques.

Au jardin potager, outre un engrais légumes en granulés, vous pouvez vous procurer une formulation pour les tomates, pour les pommes de terre, les fraisiers.

Au jardin d'agrément, les bulbes, les rosiers, les hortensias roses et bleus (avec poudre d'ardoise pour renforcer le coloris) ne sont pas oubliés. Le gazon, les arbres, les conifères et les arbustes ont aussi des mélanges adaptés.

La moutarde blanche fleurit... jaune, il faut le savoir

À retenir :

- J'utilise des engrais organiques.
- Je guette la mention « utilisable en agriculture biologique » sur les emballages.
- J'adopte les formulations spécifiques faciles d'emploi.

LES ENGRAIS VERTS

Leur dénomination est un peu trompeuse, car il s'agit en fait de plantes. Cultivées pour être fauchées et enfouies en fin de cycle, elles assurent le maintien de la fertilité du sol.

♣ ♣ Piste pour progresser

Occupez le terrain

Un principe élémentaire veut qu'une parcelle ne doit pas être laissée nue. Les pluies battantes, les vents forts, l'ensoleillement important sont autant de facteurs d'érosion des sols.

Il est recommandé de semer des engrais verts, plantes faciles à cultiver, très peu onéreuses et ne réclamant pas beaucoup de soins.

Le semis

Semez en automne, en hiver ou tout début de printemps, avant une culture tardive (tomate, aubergine, poivron…). Inutile de bêcher, un simple griffage est suffisant. Semez à la volée, enterrez les graines légèrement avec un râteau, tassez à l'aide d'un rouleau à gazon ou une planche, et arrosez si le temps est sec.

Le fauchage

L'engrais vert, s'il n'est pas gelé, doit, avant d'être enfoui, être fauché à l'aide d'une faux pour les petites surfaces ou d'une débroussailleuse. Laissez en place sur le sol jusqu'à la fanaison.

Passez la tondeuse à gazon pour broyer les feuilles et les tiges et laissez sécher complètement à l'air libre.

L'enfouissement

Enfouissez à faible profondeur, entre 10 et 15 cm, car ce sont les microorganismes de la couche superficielle du sol qui assurent la décomposition.

Attendez 8 jours avant de planter et deux semaines avant de semer.

Un passage à la tondeuse est le moyen le plus facile pour broyer les engrais verts

Comment ça marche ?

Lors de leur croissance, les racines puissantes des engrais verts ameublissent et aèrent le sol. En se décomposant, elles restituent les éléments nutritifs assimilables par les plantes.

Mais les légumineuses font mieux encore. Trèfle, luzerne, fenugrec ou fèverolle possèdent de petites excroissances sur leurs racines. Dans ces nodosités vivent des bactéries symbiotiques capables de fixer l'azote atmosphérique et de le transformer en nitrates assimilables par les plantes. Ces petites usines d'engrais enrichissent considérablement le sol.

Le bon choix

Il dépend du type de culture succédant à l'engrais vert, de la nature et des qualités du sol, et de la période du semis, plus précisément en fonction de l'hiver.

À la suite d'un engrais vert de type légumineuse, il est déconseillé de semer une autre légumineuse (pois, haricot, fèves…) ; en revanche on sèmera ou repiquera des légumes exigeants en azote (épinards, salades, poireaux…).

De la même façon, un engrais vert de type crucifère ne précédera pas ou ne sera pas suivi d'un légume de même nature (chou, navet…).

Trèfle blanc

Trèfle violet (*Trifolium pratense*)

Légumineuse

Sol lourd ou acide

Dose 15 à 20 g / 10 m²

Il peut rester en place jusqu'à deux ans.

Trèfle blanc (*Trifolium repens*)

Légumineuse

Sol frais

Dose 10 g / 10 m²

Système racinaire puissant, peut se révéler envahissant. Apprécie peu la sécheresse.

Trèfle incarnat (*Trifolium incarnatum*)

Légumineuse

Sol léger et acide

Dose 25 g / 10 m²

Fauchez avant la floraison, l'effet fertilisant est meilleur.

Fenugrec (*Trigonella foenum graecum*)

Légumineuse

Sol léger, drainé, même aride

Dose 15 g / m²

Croissance rapide, idéal pour les régions chaudes.

Luzerne (*Medicago sativa*)

Légumineuse

Sol sec et calcaire

Dose 10 à 12 g / m²

Racines profondes. Laissez en place une année pour un parfait enrichissement en azote du sol.

Féverole (*Vicia faba*)

Légumineuse

Sol riche

Dose 200 g pour 10 m²

Pensez à l'associer à une céréale (3/4 à 2/3 pour 1/4 à 1/3 de féverole).

Mélilot (*Melilotus alba*)

Légumineuse

Sol sec, apprécie peu les excès d'eau

Dose 20 à 50 g / 10 m²

Il peut rester 2 ans en place et se ressème tout seul.

Lupin (*Lupinus luteus* et *L. albus*)

Légumineuse

Sol acide et léger

Dose 100 à 200 g / 10 m²

Laissez en place au moins 3 mois avant de l'enfouir.

Vesce (*Vicia sativa*)

Légumineuse

Sol lourd et calcaire

Dose 70 g / 10 m²

Cette grimpante doit être semée avec une céréale qui lui sert de tuteur. Vous pouvez la laisser courir au sol, semez alors 200 g / 10 m².

Seigle (*Triticum secale*)

Céréale

Sol non calcaire

Dose 150 à 200 g / 10 m²

Associez aussi avec la vesce (60 g de seigle pour 50 g de vesce).

Phacélie (*Phacelia tanacetifolia*)

Hydrophyllacée

Sol indifférent

Dose 15 à 20 g / 10 m²

Plante mellifère à cycle rapide 6 à 10 semaines seulement.

Sarrasin (*Fagopyrum esculentum*)

Polygonacée

Sol acide uniquement

Dose 30 à 60 g / 10 m²

Fleurs très mellifères. Enfouissez avant la montée à graines car il peut être envahissant.

Luzerne

À retenir :

- Je ne laisse pas une parcelle nue. Je sème des engrais verts.

Moutarde blanche

LES PRÉPARATIONS VÉGÉTALES

La nature est prodigue en plantes utiles aux autres plantes. Elles entrent dans la confection de préparations à utiliser en arrosage ou en pulvérisation, à élaborer soi-même ou à acheter prêtes à l'emploi dans le commerce. Une excellente alternative aux engrais chimiques.

Dans le jardinage biologique, beaucoup de ces plantes utiles sont utilisées pour la protection phytosanitaire. C'est pourquoi la préparation de ces recettes est reprise dans le chapitre consacré à la protection des cultures.

Deux plantes se détachent largement du lot, en matière de fertilisation : l'ortie et la consoude, dont les purins sont maintenant disponibles dans le commerce, prêts à l'emploi.

L'ortie

Plusieurs orties font partie de la flore spontanée française, mais la plus utilisée, sans doute la plus répandue aussi puisqu'elle pousse jusqu'à 2 400 m d'altitude, est l'ortie dioïque, *Urtica dioica*.

Ses propriétés multiples reconnues lui valent sa popularité : elle favorise l'enracinement et la croissance de toutes les plantes, des semis, apporte en particulier des sels minéraux en abondance aux légumes-feuilles (épinard, poirée, salades…), agit contre la chlorose, prévient le mildiou, lutte contre les parasites racinaires, enrichit le sol et active le compost.

♣ Piste facile

Pas de préparation, pas d'odeurs désagréables et un coût raisonnable, la facilité peut vous guider vers les solutions prêtes à l'emploi.

♣ ♣ Piste pour progresser

Mais vous aurez peut-être envie de préparer vos purins vous-même, et, qui sait, les améliorer.

Préparation :

- Récoltez environ 1 kg de feuilles fraîches d'ortie avant la montée à graines.
- Hachez grossièrement et placez dans 10 litres d'eau de pluie de préférence, ou de source, mais évitez l'eau chlorée du robinet.
- Utilisez un seau ou un arrosoir en matière plastique, surtout pas en métal.
- Laissez macérer pendant 12 à 15 jours, en remuant tous les deux jours. Bouchez-vous le nez sur la fin !
- Filtrez et transvasez dans des contenants en matière plastique hermétiquement bouchés et placez à l'abri de la lumière. Ainsi le purin se conserve quelques mois.

Utilisez toujours des contenants en matière plastique pour l'élaboration des préparations végétales

Utilisation :

Entre le début du printemps et l'automne, utilisez le purin d'ortie sur les plantes ornementales, fruitières et potagères, en apports toutes les trois semaines, à raisons de 4 à 5 applications dans la saison de végétation.

En arrosage, diluez le purin concentré à 20 %, soit 2 litres pour 8 litres d'eau de pluie ou de source et respectez un délai de deux semaines après la plantation pour le premier traitement.

En pulvérisation foliaire, utilisez à 5 %, soit 1/2 litre de purin concentré pour 9 litres et demi d'eau.

La consoude

La grande consoude, *Symphitum peregrinum*, donne un purin riche en azote, en potassium et en oligo-éléments, le bore en particulier. Il favorise et prolonge la floraison, la fructification et améliore la production de graines. Il est donc indiqué pour les cultures fruitières et les légumes-fruits, entre autres. Il aide aussi à lutter contre les parasites du sol.

Préparation

Elle est identique à celle du purin d'ortie, mais utilisez 700 g de feuilles et laissez macérer pendant 3 à 4 semaines.

Utilisation

Cette préparation s'utilise non diluée. Celles du commerce, au contraire, sont souvent concentrées. Reportez-vous alors aux préconisations du fabriquant.

Entre mars et septembre, selon les cultures, faites 3 à 5 arrosages, espacés de 3 semaines.

Respectez un délai de 15 jours entre la plantation et le premier apport.

Si vous ne trouvez pas de grande consoude sur les talus du voisinage, semez-la au jardin, sa culture est très facile

La consoude en toute simplicité

Vous pouvez tout simplement déposer des feuilles fanées de consoude en paillage au sol ou les enfouir dans le sol 48 heures avant la plantation, à raison de 1,5 à 5 kg par mètre linéaire de sillon.

♣ ♣ Piste pour progresser

Et aussi... la camomille

Si vous êtes curieux, testez l'infusion de camomille, *Ormcnis nobilis.*

Dans 10 litres d'eau portée préalablement à ébullition, jetez une centaine de fleurs fraîches ou sèches. Laissez infuser 24 heures. Filtrez et utilisez non dilué.

Faites 3 à 5 arrosages espacés de 15 jours à partir de mi-mars, pour donner de la vigueur aux plantes tout en les aidant à lutter contre les pucerons.

Les extraits d'algues marines

Les algues marines concentrent les oligo-éléments, notamment pendant leur période de croissance. Des extraits liquides préparés par pressage à froid sont disponibles dans le commerce.

Vous pouvez les mélanger à des purins, mais surtout respectez les doses prescrites et évitez l'eau du robinet trop chlorée.

À retenir :

- J'utilise du purin d'ortie et de consoude pour fortifier mes plantes.
- J'achète des solutions prêtes à l'emploi, moins contraignantes.

Les préparations prêtes à l'emploi sont très pratiques mais encore peu diversifiées

Toutes les prêles de la flore française sont utilisables - Elles sont facilement reconnaissables à leur architecture particulière

LA FERTILISATION FOLIAIRE

On pourrait parler plus simplement de pulvérisation foliaire. Ce mode d'application permet de mettre directement les produits fertilisants au contact des feuilles et de faciliter leur absorption rapide.

La pulvérisation est utilisée aussi pour les traitements et les fertilisations à l'aide de produits chimiques et la fertilisation foliaire est bio seulement si les produits utilisés sont de nature biologique ou compatibles avec ce mode de culture, bien entendu. Ce sont d'une part des fertilisants, d'autre part des activateurs de croissance ou des préparations destinées à renforcer la vigueur des plantes.

♣ Piste facile

Tout jardinier est familiarisé avec la pulvérisation liquide et les différents types de pulvérisateur. Le jardinier bio y recourt pour appliquer toutes les préparations qu'il élabore ou qu'il achète dans le commerce (voir le chapitre sur les purins, les décoctions, les infusions...).

- Opérez de préférence le matin ou le soir et évitez les fortes chaleurs et l'ensoleillement intense.
- Appliquez les préparations toutes les deux semaines, en alternance, pendant toute la période de végétation, entre fin février et mi-octobre.

♣ ♣ Piste pour progresser

Faites parler la poudre

Certains composés se présentent sous une forme poudreuse. L'application se fait alors à l'aide d'une poudreuse à main, dont il existe des versions à soufflet, à ventilateur ou à pompe.

Cette technique concerne principalement le lithothamne et les poudres de roches (le basalte principalement) pour lesquels aucune formulation liquide n'est disponible.

- Procédez un jour sans vent, et si une légère brise se lève, placez-vous dans le sens du vent.
- Appliquez de préférence le matin tôt ou en début de soirée, car la rosée facilite le contact de la poudre avec le végétal.
- Appliquez de bas en haut en veillant bien à traiter sous les feuilles.

La pulvérisation foliaire permet une assimilation rapide par les plantes

Le litho... quoi ?

Lithothamne !

Le *Lithothamnus calcareum* est une algue rouge produisant des concrétions calcaires qui croît au large de la Bretagne. Il est particulièrement riche en calcium (45 % à 80 % de carbonate de calcium) et en magnésium (7 % à 15 % de carbonate de magnésium) et renferme un cortège de plus d'une trentaine d'oligo-éléments, de vitamines, de phytohormones et d'acides aminés.

À utiliser toute l'année, mais principalement en période de végétation, à raison de 3 à 5 applications espacées de 3 semaines.

La poudre de basalte

Le basalte est une roche volcanique produite lors des éruptions particulièrement riche en magnésium (8 % à 9 %), en oligo-éléments et en silice.

Appliquez au printemps dès la reprise de végétation, à raison de 3 à 5 pulvérisations espacées de 3 semaines.

Fortifiez vos plantes d'intérieur et d'extérieur par des applications régulières de lithothamne

LUTTER CONTRE LES INSECTES

Contre les insectes il existe de nombreuses et efficaces solutions bio

Les insecticides végétaux

Certaines plantes produisent naturellement des substances insecticides. En lisant bien les étiquettes, on constate que cette gamme d'insecticides est disponible dans le commerce pour tous les usages dans la maison. Aérosols ou plaquettes anti-moustiques, ils ont fait leurs preuves. Une bonne raison pour les employer aussi au jardin.

Il ne faut pas les confondre avec les préparations insecticides à base de plantes préparées chez soi, sur lesquelles nous revenons dans le chapitre suivant. Bien que le principe soit rigoureusement le même, la particularité de ces insecticides végétaux est d'être disponible tout prêts dans les rayons des jardineries.

♣ Piste facile

Naturel mais pas inoffensif.

Deux classes de molécules présentent des propriétés insecticides, les pyréthrines et les roténones.

Les premières sont extraites des fleurs de pyrèthre, de grandes marguerites des espèces *Chrysanthemum roseum* et *C. cineraefolium*. Les secondes sont produites par les racines de certaines papilionacées des régions exotiques dont les plus utilisées sont *Derris elliptica* et *Lonchocarpus nicou*.

Les propriétés insecticides des pyrèthres sont connues depuis des dizaines d'années

Ces molécules agissent par contact et paralysent le système nerveux des insectes. Les Indiens d'Amazonie se servent toujours de la roténone pour pratiquer la pêche en neutralisant leurs prises. Ceci pour dire qu'il est impératif de respecter les préconisations des fabricants, car, bien que produit naturel, les excès en sont toxiques pour les vers de terre, les poissons et les petits animaux, mais inoffensifs toutefois pour les animaux à sang chaud.

En revanche elles présentent un avantage de taille par rapport aux insecticides chimiques, celui de pouvoir être utilisées jusqu'au moment de la récolte.

- La plupart du temps ces insecticides sont proposés en mélange, sous forme poudreuse ou liquide, cette dernière beaucoup plus pratique.
- Inutile de les employer en préventif, en revanche vous devez traiter dès les premières apparitions d'insectes et renouveler tous les 15 jours jusqu'à disparition des parasites.
- La présentation en petit pulvérisateur est particulièrement indiquée pour les balcons et terrasses.
- Traitez en fin de journée lorsque les rayons du soleil sont absents.
- Lisez bien les compositions : on trouve encore certains excipients chimiques (pipéronylbutoxide) dans les formulations. Guettez la présence d'huile de pin, préférable.
- Ne confondez pas pyréthrines et pyréthrinoïdes ou pyréthroïdes de synthèse, non autorisés en culture biologique.

Ces insecticides ont fait leurs preuves sur un grand nombre d'insectes – notamment tous les types de pucerons, les piérides et les doryphores, mais aussi sur les aleurodes, les acariens – et limitent les pullulations de thrips.

Les mentions Xn nocif et Xi irritant invitent bien à la prudence dans l'utilisation de ces produits.

♣ Piste facile

Le *Bacillus thuringiensis*

Il s'agit d'une bactérie qui offre une action insecticide spécifiquement dirigée contre les chenilles en épargnant les abeilles et les autres insectes utiles.

Pulvérisé sur le feuillage il est ensuite ingéré par les chenilles qui meurent rapidement. Chenille processionnaire du pin, noctuelle des fruits, teigne de l'olivier, tordeuse, piéride du chou et bombyx disparate font les frais de cette lutte biologique.

Traitez dès l'apparition des chenilles, et renouvelez les applications tous les 15 jours en cas d'éclosions échelonnées. Aucun délai à respecter entre le traitement et les récoltes.

♣ Piste facile

Les huiles

Les huiles minérales à base de paraffine, ou huiles blanches, ont un rôle insecticide en agissant par asphyxie sur les formes adultes, mais aussi en détruisant la couche cireuse des œufs et les formes hivernales des insectes, les rendant perméables à l'humidité et à l'évaporation.

L'usage le plus répandu concerne le traitement d'hiver des arbres fruitiers, de novembre à février.

Pulvérisez en laissant bien ruisseler la solution sur les branches et le tronc.

Les préparations insecticides

Certaines plantes utilisées sous forme de purin, d'infusion ou de décoction participent à la lutte sanitaire bio. Elles permettent de lutter contre les insectes, mais aussi contre les autres parasites et les champignons. En outre, elles améliorent la vigueur générale des plantes. Aussi, bien que leur préparation prenne place dans ce chapitre, vous devez consulter les chapitres concernés par la lutte contre les champignons et celui sur les engrais et stimulants.

♣ Piste facile

Seuls les purins d'ortie, de prêle et depuis peu de consoude se trouvent facilement dans le commerce. On ne peut qu'encourager leur achat en solution prêtes à l'emploi. Cependant, un grand nombre de préparations relevant de la pratique de générations de jardiniers sont précieuses pour compléter l'arsenal bio. Mais il faut se retrousser les manches pour leur élaboration, car leur emploi est plus contraignant..

♣ ♣ Piste pour progresser

Il faut avoir la plante salvatrice au bon moment et savoir que le stockage des préparations est limité dans le temps, à quelques semaines ou quelques mois dans le meilleur des cas. Enfin, elles dégagent souvent des odeurs pas très agréables.

Les règles à appliquer

- Pour la préparation et la conservation, utilisez des récipients en matière plastique, surtout pas de métal.
- Évitez l'eau du robinet, trop chlorée, préférez l'eau de pluie de récupération ou l'eau de source.
- Cueillez des plantes saines, exemptes de maladies.
- Stockez à l'abri de la lumière et de la chaleur.
- Toutes ces préparations agissent par contact avec les parasites, aussi leur action est-elle limitée : faites des traitements rapprochés, tous les 3 jours.
- Traitez dès l'apparition des premiers parasites.
- Toutes ne sont pas sans risque pour l'homme : cessez les traitements 3 à 5 jours avant les récoltes.
- Placez les macérations en cours à l'écart des habitations, à cause des odeurs.

Les macérations

Les purins sont produits par simple macération de parties de plantes, puis filtration.

Les décoctions

La macération peut être suivie d'un chauffage à ébullition pour extraire les principes actifs : on aboutit, alors, à une décoction.

Les infusions

La macération dans de l'eau préalablement portée à ébullition, puis retirée du feu, permet de récupérer les fractions solubles. Ce procédé donne une infusion.

Toutes ces préparations sont pulvérisées froides, bien entendu, après une éventuelle dilution.

IL faut le savoir :

Selon qu'on les utilise à des fins phytosanitaires ou fertilisantes, la préparation des purins, infusions et décoctions peut varier.

Ail (*Allium sativum*)

Préparation : une grosse tête d'ail finement hachée dans 10 itres d'eau préalablement amenée à ébullition. Laissez infuser 15 heures, filtrez et ajoutez 100 g de savon noir.

Conservation : quelques jours à quelques semaines.

Utilisation : non dilué contre les pucerons et les acariens. Il semble repousser la teigne du poireau et la mouche de la carotte.

Ail

Absinthe (*Artemisia absinthum*)

Préparation : 2,5 à 3 kg de feuilles fraîches pour 10 litres d'eau.

Macération : 10 à 15 jours.

Conservation : plusieurs semaines.

Utilisation : non dilué en pulvérisation tous les 15 jours contre les altises, les chenilles, les pucerons. Elle semble efficace contre les limaces, escargots et loches.

Absinthe

Genêt à balai (*Cytisus scoparius*)

Préparation : 4 ou 5 grandes branches de genêt pour 10 litres d'eau.

Macération : 3 semaines et filtrez.

Conservation : plusieurs semaines.

Utilisation : utilisez sans diluer, mais agitez avant emploi pour remettre en émulsion la fine couche huileuse qui se forme.

C'est plus un répulsif qu'un insecticide.

Efficace contre les papillons (piérides).

Genêt à balai

Prêle (*Equisetum arvense*)

250 g de plantes fraîches, ou 50 g de plante sèche réduite en poudre, dans 10 litres d'eau.

Macération : 5 à 8 jours.

Conservation : plusieurs semaines.

Utilisation : non dilué, additionné de 10 g de savon noir par litre, pour lutter contre les pucerons et les acariens (araignées rouges et jaunes).

En décoction : même préparation et utilisation, mais après un jour de macération, portez à ébullition pendant 30 minutes.

Prêle

Noyer (*Juglans regia*)

1,5 kg de feuilles fraîches ou 250 g de feuilles sèches pour 10 litres d'eau.

Macération : 10 jours.

Conservation : quelques semaines.

Utilisation : non dilué contre les pucerons et les chenilles.

En décoction : 250 g de feuilles sèches dans 10 litres d'eau. Laissez macérer 1 jour, puis portez à ébullition pendant 15 minutes. Même utilisation que le purin.

Noyer

Lavande (*Lavandula angustifolia*)

Préparation : 1 kg de tiges, même fleuries, pour 10 litres d'eau.

Macération : 4 à 5 jours.

Conservation : plusieurs semaines.

Utilisation : dilué à 20 % contre les pucerons. A aussi des propriétés répulsives sur les fourmis.

Lavande

Tomate (*Lycopersicon esculentum*)

Préparation : 1 kg de feuilles ou de tiges fraîches dans 10 litres d'eau.

Macération : 2 à 3 jours.

Conservation : plusieurs semaines.

Utilisation : non dilué, contre les pucerons, les altises, la piéride du chou et en prévention contre la teigne du poireau.

Tomate

Camomille (*Ormenis nobilis*)

Préparation : dans 10 litres d'eau portée à ébullition, laissez infuser pendant un jour une centaine de fleurs fraîches ou sèches. Filtrez

Conservation : quelques jours à quelques semaines.

Utilisation : non diluée contre les pucerons.

Grande camomille

Fougère aigle (*Pteris aquilina*)

Préparation : 800 à 900 g de feuilles fraîches ou 150 g de feuilles sèches pour 10 litres d'eau.

Macération : 12 à 15 jours.

Conservation : plusieurs mois.

Utilisation : non dilué, contre toutes les sortes de pucerons, y compris lanigère, les acariens et les mineuses. Ce purin semble répulsif pour les limaces.

Fougère aigle

Rhubarbe (*Rheum rhaponticum*)

Préparation : 1,5 kg de feuilles fraîches pour 10 litres d'eau. Laissez infuser pendant un jour. Filtrez.

Conservation : quelques jours seulement.

Utilisation : non dilué, contre les pucerons.

Rhubarbe

Rue (*Ruta graveolens*)

Préparation : 800 g de feuilles et de tiges pour 10 litres d'eau.

Macération : 10 jours, puis filtrez.

Conservation : plusieurs mois.

Utilisation : pulvérisez une solution à 20 %. Efficace contre les pucerons.

Rue

Sureau noir (*Sambucus nigra*)

Préparation : 800 g à 1 kg de feuilles fraîches ou de toute autre partie de la plante pour 10 litres d'eau.

Macération : 2 à 3 jours. Puis filtrez.

Conservation : plusieurs semaines.

Utilisation : sans le diluer contre les altises, les pucerons, les thrips et les noctuelles.

En décoction **:** même préparation et utilisation, mais après 1 jour de macération portez à ébullition pendant 30 minutes.

Sureau noir

Tanaisie (*Tanacetum vulgare*)

Préparation : 300 à 400 g de plantes fraîches (toutes les parties sont utilisables, y compris les fleurs), pour 10 litres d'eau.

Macération : pendant 1 jour puis portez à ébullition pendant 15 minutes, car la tanaisie s'utilise en décoction.

Conservation : quelques jours à quelques semaines.

Utilisation : non diluée contre les aleurodes, les altises, les papillons et leurs chenilles, les otiorrhynques.

Tanaisie

Ortie

Ortie (*Urtica dioïca*)

(de préférence, mais toutes les orties de la flore de France conviennent).

Préparation : 1 kg de feuilles fraîches avant la montée à graines, dans 10 litres d'eau.

Macération : 4 à 5 jours. Filtrez.

Conservation : quelques semaines, mais plus il est frais, plus il est efficace.

Utilisation : pulvérisez une solution à 20 %. Efficace contre les pucerons.

À savoir : pour une action fertilisante, la préparation est identique, mais le temps de macération est de 1 à 2 semaines.

À retenir :

J'utilise

- des insecticides d'origine végétale,
- des huiles blanches,
- des suspensions de *B. thuringiensis*,
- des purins végétaux.

LES PIÈGES

Les pièges à phéromones sont très faciles à poser

♣ Piste facile

Les pièges à phéromones constituent plus un mode de détection des insectes nuisibles qu'un moyen de piégeage. L'importance des captures indiquent le meilleur moment pour entamer un traitement par un insecticide.

Les phéromones sont des hormones sexuelles produites par les femelles et détectées par les mâles sur de grandes distances, en dépit de leur faible concentration.

Une capsule de phéromone est associée à un piège à glu à suspendre dans les arbres ou à disposer dans le jardin.

Chaque hormone est spécifique à un parasite, vous devez donc orienter votre choix.

Exemple :

Pour lutter contre le ver des prunes, ou carpocapse du prunier, fin avril, suspendez un piège pour 3 à 6 arbres. Contrôlez les pièges toutes les semaines. À partir de 5 carpocapses piégés en 2 semaines vous devez entamer un traitement avec un insecticide biologique.

Comme la spécificité est absolue, pas besoin de connaître la morphologie du parasite, lui seul viendra s'engluer, à l'exception de très rares insectes égarés.

Remplacez la capsule toutes les 6 semaines, le carton englué tous les deux mois et conservez le piège pour l'année suivante.

Les pièges à phéromones

Les pièges à phéromones se sont considérablement diversifiés en quelques années. Ils concernent aussi bien le verger (petite mineuse du pêcher, noctuelle de l'artichaut, carpocapse des pommes, des poires, des prunes, mouche de l'olive, de la cerise, des fruits, pyrale des amandes, tordeuse du pêcher, eudémis de la vigne...) que le potager (teigne du poireau, noctuelle de la tomate, de la salade, du chou, tordeuse des pois, teigne de la pomme de terre...).

Les pièges à glu

Une barrière de glu placée sur le passage des insectes est souvent une solution radicale pour se passer d'insecticide dans la lutte contre les espèces rampantes.

À utiliser dès le début du printemps, sur les arbres, arbres fruitiers et les arbustes en tiges, comme les rosiers. Particulièrement efficace contre les fourmis, grandes disséminatrices de pucerons.

De la glu 100 % naturelle à base de dérivé de résine, de cire d'abeille et d'huile de ricin est disponible dans le commerce. Elle peut être directement

Les pièges avec attractif à suspendre sont efficaces pour le piégeage, mais aussi comme indicateurs de présences des parasites

Une simple barrière de glu, ici sur un papier, empêche les insectes rampants d'accéder au fruits

badigeonnée tout autour des troncs, en un anneau de 20 cm de hauteur.

Elle se présente aussi sous la forme de bande de papier ou de carton ondulé, ou de collier déjà englués à attacher autour des troncs.

Pour le piégeage des formes volantes, la glu est disposée sur des dispositifs en forme de cylindres ou de plaques à suspendre dans les arbres dès la formation des jeunes fruits. Ils sont quelquefois associés à un attractif.

Vous pourrez ainsi lutter contre la mouche de l'olivier, de la cerise, de la pomme, de la poire, de la pêche ou de la figue, contre les aleurodes, les mineuses de feuilles, les pucerons en véranda ou en serre.

LA LUTTE BIOLOGIQUE

Les ennemis de nos ennemis sont nos amis pourrait résumer le principe des auxiliaires

Manger et être mangé, ce précepte naturel pose les bases de la lutte biologique. Elle consiste à utiliser, pour protéger les plantes cultivées, les prédateurs naturels des insectes nuisibles. Le principe est de maintenir un équilibre quantitatif entre les populations. Les nuisibles doivent être suffisamment nombreux pour servir de nourriture aux prédateurs sans proliférer et causer de dégâts aux plantes.

Les auxiliaires de cultures

Les prédateurs, on parle d'auxiliaires, sont sélectionnés à partir de populations naturelles et n'ont subi aucun changement génétique, il faut le préciser, et ils ont fait leurs preuves en agriculture et en horticulture. Lorsque leurs proies se raréfient leur taux diminue en proportion, de sorte que le risque de leur pullulation est nul. Par ailleurs, ils sont inoffensifs pour les plantes.

Ces insectes doivent être utilisés dans les serres et vérandas, car à l'extérieur ils prennent la clé des champs. En revanche certains prédateurs présents dans le sol, comme les nématodes, peuvent être employés indifféremment au jardin, sur les balcons et dans les vérandas et les serres.

Le bon usage des auxiliaires

- Identifiez bien l'insecte nuisible.
- Intervenez au début de l'attaque.
- Si l'infestation est trop forte, commencez par un traitement insecticide.
- Associez l'emploi des auxiliaires à celui des pièges à glu.

La plupart des auxiliaires sont présentés sous forme de petit sachets ou de bandelettes à suspendre dans les plantes.

À chaque nuisible son prédateur, et sa méthodologie. Respectez les modes d'emploi.

Il existe maintenant des souches de coccinelles qui ne volent pas et qui restent donc sur les plantes à protéger

Aleurodes

Pucerons

Acariens

Dégâts causés par les thrips

Nuisible	Auxiliaire	Observations
Aleurodes (mouches blanches)	Encarsia	L'encarsia peut parcourir 10 à 30 m pour trouver sa proie. Un seul sachet suffit à traiter 50 m^2
Acariens (araignées rouges et jaunes)	Phytoseiulus	Plus de 20 °C et une humidité de 75 % sont nécessaires au bon travail du Phytoseiulus. Une seule dose suffit pour 10 m^2 de véranda
Thrips	Amblyseius	Une dose pour 50 m^2 à 18 °C et 75 % d'humidité
Pucerons	Aphidoletes	L'auxiliaire est attiré par l'odeur du miellat produit par les pucerons. Une dose pour 50 m^2.
Cochenilles	Cryptolaemus	Température idéale entre 16 et 21 °C. Au-delà de 33 °C, l'activité de l'auxiliaire cesse. Idéal pour les vérandas, un peu moins pour les serres confinées
Otiorrhynques	Nématodes	Les nématodes véhiculent une bactérie qui fait mourir le nuisible de septicémie. Température du sol entre 13 et 17 °C et humidité maximale pour un bon résultat

La coccinelle

La coccinelle, plus exactement sa larve, reste encore largement médiatisée. Dès le printemps revenu, chaque collectivité y va de sa distribution de larves. Au-delà de la satisfaction des élus, reste l'efficacité, toute relative, de ces lâchers. Mais il faut reconnaître qu'il fallait un porte-drapeau à la cause bio, et la sympathique "bête à bon Dieu" remplit bien son rôle.

Plus que les lâchers qui donnent bonne conscience, vous serez mieux inspiré de favoriser la pullulation des coccinelles et de tous les autres insectes utiles par toutes les pratiques que nous détaillons depuis le début de cet ouvrage.

Car à côté des auxiliaires élevés pour la lutte biologique, une foule d'insectes et d'animaux sont utiles dans ce rôle et vous avez tout intérêt à favoriser leur présence :

- Les **chrysopes** sont de petits insectes facilement reconnaissables par leur couleur vert fluo. Une seule de ses larves mange plusieurs centaines de pucerons.
- Les **guêpes parasites** pondent leurs œufs dans un grand nombre d'insectes, chenilles et papillons. Favorisez leur présence en adoptant des plantes mellifères.
- Les **syrphes** sont une variété de petites guêpes dévoreuses de pucerons. Semez de

Un nichoir à forficules est facile à réaliser

Le chrysope se reconnaît à sa couleur vert fluo - Il consomme un grand nombre de pucerons

l'aneth, du persil, du fenouil et plus généralement des ombellifères pour les faire venir.

- Les **perce-oreilles**, ou forficules, se nourrissent d'insectes, notamment de pucerons. Pour les attirer, placez un pot de terre à l'envers, après l'avoir rempli de sciure, de paille, de compost ou de mousse.
- Les **carabes** ressemblent à de petits scarabées, vert métallisé. Ils font des ravages chez les limaces et les chenilles.

Déposez les larves de coccinelles sur les feuilles à proximité des foyers de pucerons, à raison de 1 ou 2 larves par colonie, soit 5 à 20 larves au m^2. Chacune a de l'appétit pour dévorer 300 à 600 pucerons.

Les perce-oreilles sont de grands dévoreurs d'insectes

...et aussi...

Favorisez la vie sous toutes ses formes. Les grenouilles, le hérisson, la musaraigne (qui n'est pas un rongeur) et la chauve-souris pour le travail de nuit sont aussi de précieux alliés.

Ce n'est pas la coccinelle qui se nourrit de pucerons, mais sa larve

LUTTER CONTRE LES MALADIES

Les maladies causées par les champignons obligent à un plan de traitements rigoureux pour être efficace. Il ne faut pas oublier de traiter préventivement, ni de réagir rapidement dès les premiers symptômes. Longtemps chouchouté par l'industrie chimique prodigue en produits de synthèse, le jardinier bio se trouve face à une panoplie bien diminuée, il faut bien le dire.

Plus que jamais, il doit s'attacher à avoir des plantes en bonne santé, moins exposées aux attaques de champignons.

Au **potager**, la rotation des cultures prend ici tout sons sens (voir ce chapitre). Au **jardin d'ornement**, les dégâts sont plus facilement maîtrisables, mais au **verger** les choses sont plus compliquées, et il n'est pas toujours possible d'envisager le « tout bio », dans ce domaine, il faut le dire, quitte à faire hurler les puristes.

L'oïdium ou blanc est une maladie cryptogamique très fréquente, à combattre dès le mois de février

Le jardinier bio dispose d'une part de préparations végétales, d'autres part de substances minérales que certains inconditionnels du bio réfutent, à commencer par la célèbre bouillie bordelaise.

Les substances minérales

Bouillie bordelaise

Fongicide à large spectre contenant 80 % de sulfate de cuivre et 20 % de chaux éteinte. Contre les oïdiums, les tavelures, les mildious, les cloques, elle possède aussi des propriétés bactériostatiques qui contiennent l'évolution des bactérioses.

Oxychlorure de cuivre

À 50 % sous forme de poudre micronisée. Utilisé pour le traitement de la cloque du pêcher, il est aussi efficace contre la tavelure du pommier, le mildiou de la vigne ou de la pomme de terre.

Soufre

En poudre mouillable, micronisé, utilisé dans le traitement des oïdiums (vigne, melon, courgette, abricotier, pêcher…) et des tavelures du pommier et du poirier.

Soufre liquide

Mêmes indications, mais d'un emploi plus simple.

Pour ou contre la bouillie bordelaise ?

Contre

La bouillie bordelaise pour être autorisée en agriculture biologique n'est pas inoffensive. Accumulée dans le sol, elle fait chuter les populations de champignons, de microorganismes et de vers de terre.

Elle révèle une certaine phytotoxicité à l'égard de certaines plantes, comme le melon et certaines cucurbitacées.

Dans les régions viticoles où elle est utilisée depuis plus d'un siècle on retrouve ses excès dans les eaux de ruissellement.

Pour

Elle a un large spectre d'action et se substitue, ainsi, à plusieurs fongicides de synthèse à la fois.

Elle reste le produit le moins dangereux si elle est bien utilisée, c'est-à-dire sans excès de dosage et sans répétition (2 à 3 traitements par an). Précisons qu'en agriculture bio, sa dose d'emploi tolérée est de 8 kg de cuivre par an et par hectare.

La petite polémique entamée sur la bouillie bordelaise a le mérite de rappeler un principe essentiel : tout ce qui est bio et naturel n'est pas inoffensif.

Les préparations végétales

Purin d'ortie

Arrosez le sol deux ou trois fois en hiver et en début de printemps pour prévenir les maladies cryptogamiques.

Purin de prêle

En arrosage au pied une fois par mois entre février et juillet pour un traitement préventif.

En curatif faites deux pulvérisations espacées de 8 jours dès l'apparition des symptômes, puis une fois toutes les trois semaines jusqu'en juillet.

Ail et oignon

50 g d'ail et 700 g d'oignons hachés dans 10 litres d'eau préalablement portée à ébullition. Filtrez et utilisez non dilué. Faites une pulvérisation quotidienne pendant 8 à 10 jours dès l'apparition des symptômes (oïdiums, rouilles, principalement).

À retenir :

- J'utilise la bouillie bordelaise sans excès.

La bouillie bordelaise est irremplaçable dans la lutte contre les champignons pathogènes

MON POTAGER BIO

Les plantes potagères sont soumises aux attaques de nombreux parasites et maladies. Loin d'être exhaustifs, les tableaux suivants vous permettront de faire face aux plus courants d'entre eux, ceux qui sont invariablement au rendez-vous de chaque saison.

Les réflexes santé pour le potager

- Appliquez la rotation des cultures.
- Pensez aux cultures associées.
- En fin de récolte, arrachez et brûlez les plantes. Les feuilles laissées en place sont de véritables réservoirs de formes de résistance des champignons.
- Limitez les mauvaises herbes.
- Paillez.
- Évitez les apports importants d'azote, qui rendent les plantes plus tendres, donc plus vulnérables.
- Utilisez les préparations végétales pour renforcer la vigueur des plantes.

Aleurodes

Symptômes : petites mouches blanches sous les feuilles

Prévention : évitez la sécheresse, mouillez abondamment le paillage au pied.

Traitement bio : jet d'eau savonneuse sous les feuilles, insecticides végétaux.

Période d'apparition

J F M A M J J A S O N D

Pucerons

Symptômes : présence de formes adultes sur les jeunes pousses, les tiges et les feuilles.

Prévention : installation de larves de coccinelles, de chrysopes.

Traitement bio : eau savonneuse, puis insecticides végétaux en cas de fortes infestations.

Période d'apparition

J F M A M J J A S O N D

Mouches

Symptômes : flétrissement puis mort des plantes. Présence de galeries renfermant de petites larves blanches (carotte, chou, navet, radis, oignons, poireau,…)

Prévention : plantation de cultures associées et pulvérisation d'infusions (oignon, tanaisie, ail, ciboulette,…)

Traitement bio : détectez les formes adultes et posez un voilage de protection.

Période d'apparition

J F M A M J J A S O N D

Doryphores

Symptômes : feuillage grignoté, renfermant des larves oranges ponctuées de noir. Observation des formes adultes.

Prévention : traitez à la bouillie bordelaise pour les affaiblir.

Traitement bio : insecticides végétaux, ou *Bacillus thuringiensis*.

Période d'apparition

J F M A M J J A S O N D

Doryphores

Oïdium

Symptômes : feutrage blanc sur les feuilles et les jeunes pousses

Prévention : pas d'arrosage sur les feuilles, fertilisation azotée réduite.

Traitement bio : pulvérisez du soufre le soir, car au-dessus de 28 °C il est phytotoxique.

Période d'apparition

J F M A M J J A S O N D

Rouille

Symptômes : pustules de couleur orangée sur les feuilles.

Prévention : pas d'arrosage sur les feuilles. Choisir des variétés résistantes.

Traitement bio : ôtez les feuilles atteintes dès les premiers symptômes. Le cuivre limite l'infestation.

Période d'apparition

J F M A M J J A S O N D

Oïdium

Rouille

Mildiou

Symptômes : taches brunes sur les feuilles, pouvant donner un feutrage blanc au revers.

Prévention : évitez les excès d'azote, choisissez des variétés peu sensibles. Rotation des cultures.

Traitement bio : traitez au cuivre (bouillie bordelaise) seulement au tout début des symptômes ou après une pluie.

Période d'apparition

J F M A M J J A S O N D

Pourriture grise

Symptômes : feutrage gris abondant sur feuilles et fruits.

Prévention : paillez (fraisiers). Limitez les arrosages et les fertilisations.

Traitement bio : ôtez et détruisez les parties malades.

Période d'apparition

J F M A M J J A S O N D

MON VERGER BIO

Soyons francs. Au verger, la lutte bio n'est pas aussi efficace que partout ailleurs dans le jardin et il est encore difficile de penser 100 % bio. Toutefois certaines pratiques et la préconisation des produits bio sont souvent suffisantes.

Les rendez-vous santé pour le verger

En automne

- Ramassez toutes les feuilles tombées des arbres pour les brûler.
- Épandez un engrais organique au pied des fruitiers, jusqu'à l'aplomb de la couronne.

En hiver

- Traitez avec une huile blanche pour éliminer les formes hivernantes des insectes et des parasites. Laissez bien ruisseler sur les charpentières et le tronc.

Le traitement d'hiver des arbres fruitiers est indispensable

Au printemps

- Faites un premier traitement antifongique à base de cuivre ou de soufre.
- Mettez en place les pièges à phéromones.
- Placez les pièges à glu autour des troncs.

En été

- Paillez et arrosez, surtout les jeunes arbres.
- Supprimez tout de suite les parties malades.
- Ajoutez 10 % de purin d'ortie à l'eau d'arrosage pour stimuler la croissance.

Pucerons

Symptômes : présence de forme adultes sur les jeunes pousses. Entraîne le développement de fumagine (dépôt noir).

Prévention : favorisez la présence d'auxiliaires.

Traitement bio : jet d'eau savonneuse et insecticides végétaux.

Période d'apparition

J F M A M J J A S O N D

Cochenilles

Symptômes : présence de formes adultes au dos des feuilles. Favorise le développement de la fumagine.

Prévention : faites un traitement d'hiver à l'huile blanche.

Traitement bio : en mai-juin pulvérisez un insecticide végétal additionné d'agent mouillant.

Période d'apparition

J F M A M J J A S O N D

Mouches

Symptômes : fruits véreux.

Prévention : paillez le pied pour contrarier l'éclosion des pupes présentes dans le sol.

Traitement bio : posez des pièges à glu (1 par arbre). Efficace seulement si l'attaque de l'année précédente a été peu importante.

Période d'apparition

J F M A M J J A S O N D

Cloque

Symptômes : les feuilles se recroquevillent, deviennent jaunes à rosées.

Prévention : traitez au cuivre dès la fin de l'hiver, au moment où les bourgeons gonflent.

Traitement bio : le traitement est seulement préventif.

Période d'apparition

J F M A M J J A S O N D

Cloque

Tavelures

Symptômes : taches qui se développent sur les feuilles, les tiges puis les fruits (pommiers, poiriers).

Prévention : le champignon aime l'humidité. Drainez le sol, plantez des variétés résistantes.

Traitement bio : au moment de la floraison, traitez au soufre ou au cuivre si la température est inférieure à 15 °C.

Période d'apparition

J F M A M J J A S O N D

Mildiou

Symptômes : taches brunes sur les feuilles, et feutrage blanc au revers.

Prévention : évitez les accumulations d'eau au pied des ceps (vigne). Aérez la végétation par des tailles en vert.

Traitement bio : traitez au cuivre après une pluie ou une forte rosée.

Période d'apparition

J F M A M J J A S O N D

Oïdium

Symptômes : feutrage blanc sur les feuilles et les jeunes pousses.

Prévention : limitez l'azote, arrosez au pied, pulvérisez une infusion de prêle en hiver.

Traitement bio : pulvérisez du soufre.

Période d'apparition

J F M A M J J A S O N D

Moniliose

Symptômes : sur les fruits presque mûrs se développe une large tache brune recouverte de stries concentriques. Les fruits se momifient.

Prévention : désinfectez les outils de taille et les plaies. Eclaircissez les fruits.

Traitement bio : du cuivre au débourrement des bourgeons et du soufre à la floraison.

Période d'apparition

J F M A M J J A S O N D

Rouilles

Symptômes : pustules orange à brunes au revers des feuilles.

Prévention : faites un traitement d'hiver.

Traitement bio : appliquez deux traitements en fin mai-juin au soufre.

Période d'apparition

J F M A M J J A S O N D

MES ROSIERS BIO

Faites preuve de discernement. Des taches noires sur le feuillage sont inesthétiques mais pas vraiment nuisibles à vos rosiers, pas plus que quelques pucerons. Alors soyez raisonnables et ne traitez bio que pour maintenir un état sanitaire correct et suffisant. Sans plus.

Pensez aussi à ramasser toutes les feuilles tombées au sol en automne et à les brûler avec les résidus de taille.

Oïdium

Symptômes : feutrage blanc devenant poudreux sur les feuilles puis sur les jeunes pousses.

Prévention : évitez l'eau sur le feuillage, et plantez les rosiers en situation aérée.

Traitement bio : dès avril traitez avec du soufre, tous les 15 jours, et renouvelez après une pluie.

Période d'apparition

J F M A M J J A S O N D

Rouilles

Symptômes : pustules orange qui virent au brun au revers des feuilles. Taches en relief sur le limbe.

Prévention : plantez dans un sol bien drainé. Surveillez les premières attaques dès que le temps est pluvieux.

Traitement bio : deux traitements au soufre dès les premiers symptômes, espacés de 6 à 8 jours. Puis enchaînez par des pulvérisations mensuelles de prêle pendant tout l'été.

Période d'apparition

J F M A M J J A S O N D

Taches noires

Symptômes : présence de spots circulaires noirs sur les feuilles.

Prévention : drainez bien le sol et évitez les excès d'arrosage. Préférez les rosiers anciens, moins sensibles. Soufrez en juin avec du soufre en poudre.

Traitement bio : laissez faire, c'est plus un symptôme disgracieux que dangereux. Les rosiers peuvent vivre avec.

Période d'apparition

J F M A M J J A S O N D

Maladie des taches noires (Marsonia)

Araignées rouges

Symptômes : présence de petites toiles d'araignées à l'aisselle des feuilles et des boutons floraux et de petites araignées très mobiles de la taille d'une tête d'épingle.

Prévention : évitez les engrais trop azotés et favorisez l'humidité au pied et sur le feuillage. Pulvérisez une huile de paraffine dès le démarrage de la végétation.

En véranda pensez aux auxiliaires de culture.

Traitement bio : traitez avec une huile paraffinique ou avec un insecticide à base de roténone ou de pyrèthre.

Période d'apparition

J F M A M J J A S O N D

Acariens

Cochenilles

Symptômes : présence de petits boucliers bruns ou d'amas cotonneux blancs et collants.

Prévention : pulvérisez une huile paraffinique en hiver, puis au démarrage de la végétation. En véranda pensez aux auxiliaires de culture.

Traitement bio : traitez avec une huile paraffinique ou avec un insecticide à base de roténone ou de pyrèthre.

Période d'apparition

J F M A M J J A S O N D

Pucerons

Symptômes : présence de pucerons verts sur les jeunes pousses et les boutons floraux.

Prévention : évitez les engrais azotés. Favorisez les ennemis des pucerons.

Traitement bio : pour les attaques limitées, un simple jet d'eau est suffisant, sans oublier le revers des feuilles. Inutile de les éradiquer totalement, vous pouvez tolérer quelques pucerons sur vos rosiers. Lâchez des larves de coccinelles. En cas de forte infestation, passez au insecticides à base de roténone et de pyréthrines.

Période d'apparition

J F M A M J J A S O N D

Pucerons

Tenthrèdes

Symptômes : le limbe des feuilles est dévoré par les larves, les nervures sont épargnées.

Prévention : aucune.

Traitement bio : traitez avec un insecticide à base de roténone ou de pyrèthre.

Période d'apparition

J F M A M J J A S O N D

Otiorrhynques

Symptômes : le bord des feuilles est poinçonné, à la manière des anciens tickets de tiercé.

Prévention : griffez et binez le pied des rosiers, arrosez une fois par mois avec une infusion de tanaisie… et adoptez un hérisson.

Traitement bio : pulvérisez un insecticide à base de roténone ou de pyréthrines, complétez par un arrosage de nématodes en octobre novembre pour nettoyer le sol.

Période d'apparition

J F M A M J J A S O N D

Oïdium

LA ROTATION DES CULTURES

Cette précaution aussi ancienne que l'agriculture est souvent négligée par le jardinier amateur. Grave erreur, car sa simple application permet de contenir maladies et parasites et assure une meilleure vigueur aux plantes.

♣ Piste facile

Le principe de précaution au potager

Les nombreuses observations qui ont conduit à la rotation des cultures concernent seulement le potager, car elles ont été faites dans des temps où l'utilitaire prévalait. Aujourd'hui, bien peu de résultats sont disponibles pour le jardin d'ornement, mais le jardinier amateur pourra s'en inspirer par petites touches, au moins sur le seul plan sanitaire.

Chaque catégorie d'espèces potagères a des besoins nutritionnels propres : une salade ne prélève pas dans le sol les mêmes proportions d'éléments minéraux qu'une carotte. Résultat : si on cultive toujours le même légume sur la même parcelle, il s'ensuit un déséquilibre.

En outre, les maladies et les parasites sont spécifiques à un légume. Des cultures répétées au même endroit entraînent la pullulation des parasites et des agents pathogènes. Pour ces deux raisons, nutritionnelle et sanitaire, il est vivement recommandé de « faire tourner » les légumes.

Cette ronde a de quoi donner le tournis au néophyte, pourtant elle est relativement simple à mettre en application, et une fois initiée elle est facile à entretenir.

Elle repose sur deux règles essentielles :

- ne jamais cultiver un même légume deux fois de suite sur la même parcelle,
- respecter un délai minimum (indiqué ci-contre) avant de le cultiver à nouveau sur la parcelle initiale. On parle d'assolement.

L'assolement

Certains légumes ne sont pas soumis à l'assolement (radis, pissenlit, salsifis…), mais pour la plupart vous devrez le respecter.

Fève 3 ans

Haricot 2 ans

Pois 4 ans

Céleri-branche 4 ans

Épinard 4 ans

Laitue 2 ans

Persil 1 an

Aubergine 5 ans

Concombre 4 ans

Courgette 3 ans

Melon 4 ans

Poivron 3 ans

Tomate 2 ans

Carotte 4 ans

Navet 4 ans

Ail 5 ans

Échalote 5 ans

Oignon 4 ans

Betterave 3 ans

Pomme de terre 4 ans

Poireau 5 ans

Enfin, l'ordre de succession des légumes se fait selon une règle préétablie qui ne doit rien au hasard, mais simplement aux besoins nutritifs des plantes.

Les portraits-robots des légumes

Rien de plus facile pour déterminer la classe à laquelle appartient un légume : une simple observation physionomique suffit.

La présentation ci-dessous tient compte de l'ordre de passage repris dans le schéma illustré qui suit, page 59.

Légumes-graines

Ce sont les légumineuses (petits pois, fèves, haricots, lentilles…) qui ont la capacité d'enrichir le sol en azote, grâce à leur bactéries symbiotiques (voir chapitre sur les engrais verts). Par extension, on y inclut les engrais verts de la même famille (fenugrec, féverolle…), qui pourront s'intercaler entre deux cultures.

Légumes-feuilles

Ce sont les espèces qui ont peu de besoins nutritionnels et finissent de puiser les derniers éléments minéraux présents dans le sol. En revanche, l'azote précédemment stocké par les légumes-graines est mis à profit pour produire des feuilles, des feuilles et encore des feuilles. On y trouve toutes les salades, y compris le pissenlit et la roquette, l'épinard, les poirées, le persil, le cresson, le pourpier…

Choux

Légumes-fruits

Ceux-là sont les plus affamés et ont besoin d'une terre riche en humus. Plus que pour les autres, une fumure d'automne est recommandée avant leur culture. Tomate, aubergine, melon, pastèque, concombre…

Isolez le potiron du sol pour éviter qu'il pourrisse

Jeunes plants de courgettes

Légumes-racines

Ils sont reconnaissables à leur racine pivotante. Hormis le radis qui pousse en surface, tous vont puiser leur nourriture en profondeur. Carotte, panais, navet, salsifis, raifort, betterave…

Légumes-bulbes

Ils se contentent des restes laissés par leurs prédécesseurs. Ail, oignon, échalote, fenouil bulbeux…

Légumes-tubercules

Ils réclament également de bons apports en fumure avant la plantation pour élaborer les réserves de leurs tubercules. Pomme de terre, topinambour… L'usage y associe certains légumes gourmands comme le poireau.

Les exceptions

Certaines espèces potagères ou fruitières ont un cycle de culture long et restent en place durant plusieurs années. (artichaut, asperge, fraisier…). Il ne sont pas concernés par la rotation des cultures ; en revanche, ils seront indésirables sur la même parcelle pendant un délai de plusieurs années, au moins aussi long que celui de leur culture.

La culture de l'artichaut est longue, il échappe donc à la rotation des cultures

Le cercle vertueux de la rotation des cultures

Une application simple

Vous préférez peut-être les tomates aux haricots verts ou les pissenlits aux betteraves. En outre, si vous consacrez autant de surface aux melons et aux radis, vous risquez la surproduction du craquant petit légume. Les rendements de pastèque ont peu en commun avec ceux des petits pois. Ceci pour dire qu'une gestion théorique de la rotation des cultures demanderait un logiciel informatique.

Faites simple…

Il vous suffit de diviser le potager en six parcelles, de planter une catégorie de légume par parcelle et de décaler d'un cran chaque année. Vous perdez un peu de place, mais le plan de rotation est bien plus lisible.

Faites encore plus simple…

Vous pouvez envisager une rotation sur quatre parcelles, en considérant seulement quatre catégories de légumes. Regroupez ensemble les légumes-racines et les légumes tubercules, d'une part, et les légumes-fruits et les légumes-bulbes, d'autre part.

À retenir :

- même sous sa forme simplifiée, j'applique la rotation des cultures au potager.

LA ROTATION DES CULTURES

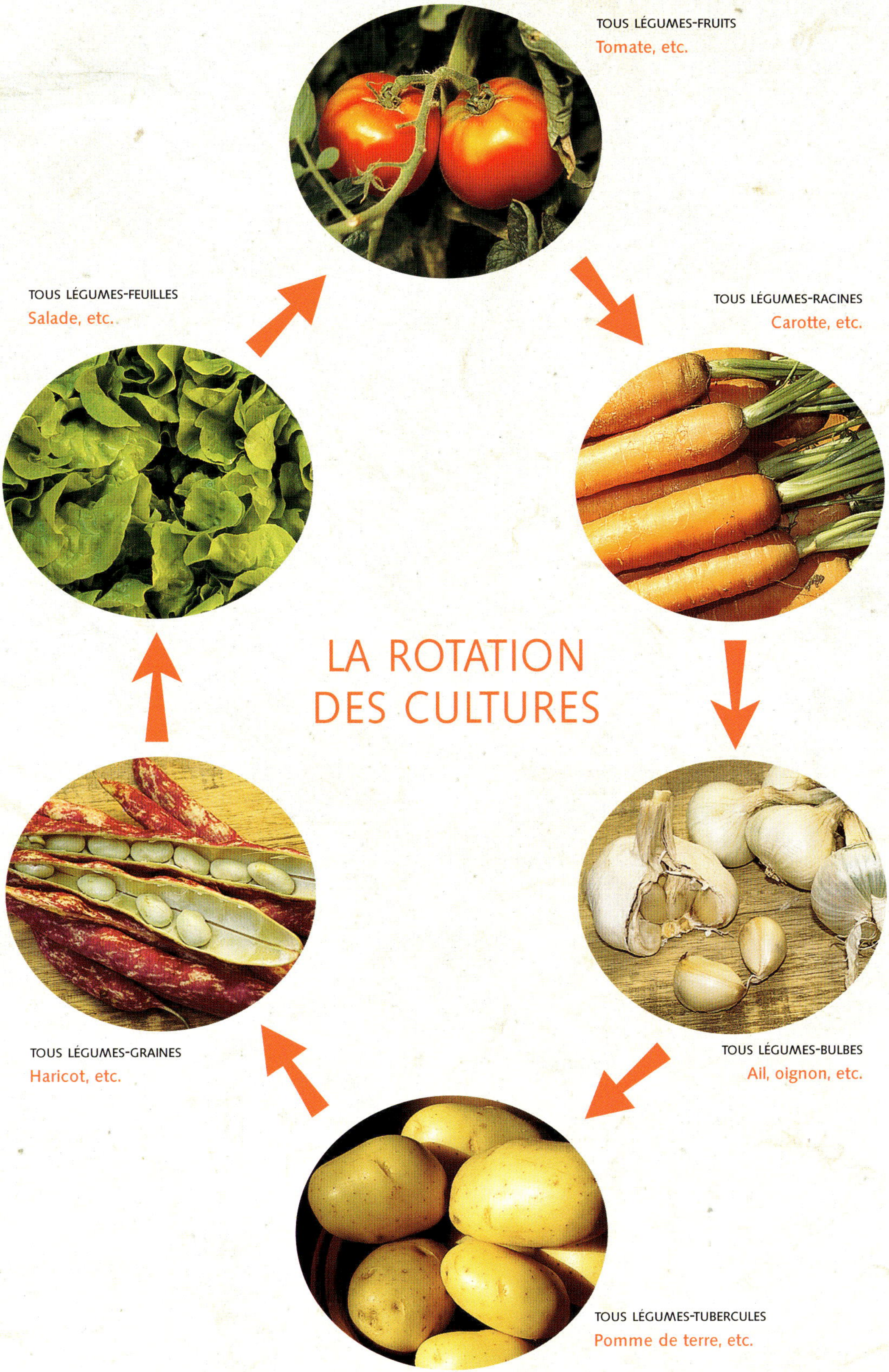

L'ARROSAGE

L'eau est un des constituants majeurs des végétaux et un pourvoyeur d'énergie nécessaire à toutes les réactions chimiques de l'organisme végétal. En un mot, pas de vie sans eau. Pour assurer un approvisionnement permanent, il est nécessaire de l'économiser et de bien la gérer. Ce principe commence au robinet du jardin.

♣ Piste facile

Les économies d'eau

Le goutte à goutte

Dans la quasi-totalité des régions françaises, il est indispensable d'arroser son jardin, au moins à certaines périodes de l'année, et la cherté de l'eau incite même les moins ouverts au discours bio à envisager de sérieuses économies de sa consommation.

Dans le domaine du jardin, le meilleur dispositif est l'arrosage au goutte à goutte. Couplé à l'indispensable programmateur, il permet d'apporter la juste dose au pied de chaque plante et de s'absenter l'esprit tranquille.

Le goutte-à-goutte est économe en eau
Lié à un programmateur, il est sans souci

Un petit tour à la mairie

Certaines municipalités proposent un compteur vert à leurs administrés à un tarif préférentiel. L'eau

L'arrosoir reste indispensable, notamment pour dispenser les pluies fines aux semis

acheminée est la même que celle du robinet, mais le débit est réduit de moitié, soit 1,5 m^3 par heure au lieu de 3 m^3, ceci afin d'éviter les détournements à usage domestique.

Récupérer l'eau de pluie

En dehors des années à forte sécheresse, les pluies annuelles fournissent suffisamment d'eau pour couvrir les besoins au jardin, même dans les régions méditerranéennes, à condition de la récupérer et de la stocker.

En moyenne, 1 m^2 de toiture capte jusqu'à 1 m^3 d'eau.

Vous trouverez dans les magasins de bricolage de petites dérivations à placer sur le conduit de descente de la gouttière pour canaliser l'eau dans un réservoir. Les plus courants de ceux-ci sont d'une capacité de 7 à 800 litres, mais si vous avez de gros besoins, vous pouvez opter pour une citerne enterrée de plusieurs m^3.

Gare à la pollution

Dans les régions où la pollution atmosphérique est importante, le lessivage des toitures peut fournir une eau chargée en polluants. Par précaution, réservez-la au jardin d'ornement.

La rosée sur les feuilles, c'est joli, mais dans la mesure du possible évitez toujours d'arroser le feuillage

Savoir arroser

- Évitez l'arrosage par aspersion sur le feuillage, il favorise le développement de certaines maladies, oïdium en tête.
- Attention aux asperseurs qui frappent la base des troncs d'arbre toujours au même endroit, ce véritable supplice chinois de la goutte d'eau entraîne un détérioration de l'écorce et favorise l'apparition de maladies.
- Arrosez les arbres à l'aplomb de la couronne, et non au pied, c'est là que se trouvent les racines fonctionnelles de la plante.
- L'eau du robinet est souvent trop chlorée et déclenche à la longue la chlorose, c'est-à-dire le jaunissement des feuilles, chez les plantes en pots. Remplissez un arrosoir d'eau et laissez reposer toute la nuit avant de vous en servir. C'est encore plus efficace si vous ajoutez une poignée d'écorces de pin dans l'eau.
- Trop d'eau, pas assez d'eau, fréquence d'arrosage ? La juste dose d'eau pour les plantes en pot est pourtant facile à appréhender. Placez une éponge sous un robinet d'eau, gorgez-la d'eau jusqu'à saturation puis essorez-la complètement. Son taux d'humidité est celui que doit avoir le terreau en permanence pour la quasi-totalité des plantes en pot, à l'exception de celles ayant des besoins spécifiques (Cactées, plantes carnivores, Orchidées…).
- En région méditerranéenne, pensez à utiliser des plantes résistantes à la sécheresse (Palmiers, Succulentes, Agaves, Cactées, mais aussi plantes de garrigues et de maquis).

À retenir :

- Je m'équipe d'un système au goutte à goutte.
- Je récupère l'eau de pluie.

L'eau du robinet trop chlorée peut entraîner une chlorose, comme ici sur hortensia

LE PAILLAGE

Paillage et goutte-à-goutte : la meilleure association pour les économies d'eau

Le paillage consiste à étaler un matériau, ou paillis, à la surface du sol. Dans le langage courant on parle indistinctement de paillage pour désigner la technique et le matériau. On emploi aussi les termes anglo-saxons de *mulch* et de*mulching*.

Le paillage est facile à mettre en œuvre et rarement un seul geste concentre autant d'avantages.

- Il limite l'évaporation de l'eau du sol et contribue aux économies d'arrosage.
- Gorgé d'eau, il permet de conserver un taux d'humidité suffisant pour que le jardinier s'absente plusieurs jours sans souci.
- Son couvert dense empêche la levée des mauvaises herbes.
- Il protège la surface du sol de l'érosion due aux pluies, aux forts ensoleillements, évite la formation d'une croûte en surface, et le tassement de la terre.
- Sa dégradation alimente directement la couche d'humus et contribue à la fertilité du sol.
- Il sert de refuge à la microfaune du sol.
- Cet isolant protège les plantes du froid en hiver.
- Il isole les fruits et les légumes du sol, les maintient propres et empêche leur pourrissement.
- Enfin, il contribue à l'esthétique générale du jardin en habillant les parcelles de terre nue livrées, sans lui, aux mauvaises herbes.

Le paillage sait être décoratif, comme ici, avec des écorces de fèves de cacao

Le paillage se fait beau

Plusieurs fournisseurs proposent des paillages décoratifs. Les débris de bois issus de l'exploitation forestière ou de la production industrielle (palettes, emballages…) sont désinfectés, calibrés puis teintés avec des colorants naturels non toxiques. Ils déclinent toutes les nuances naturelles dans les tonalités marron, mais osent aussi les couleurs moins conventionnelles comme le fuchsia, le vert ou le bleu. Idéal pour les petites surfaces et les ambiances de charme.

Mise en place

Il est utile de préparer le terrain avant la pose du paillage.

- Débarrassez le sol des mauvaises herbes, en particulier de certaines vivaces coriaces comme le liseron, le chiendent, les chardons… qui ne seraient pas gênées pour pousser au travers du paillage.
- Égalisez le niveau du sol, brisez les mottes de terre, ôtez les cailloux, pour obtenir une surface régulière. Ainsi l'épaisseur du paillage sera uniforme.
- Aux abords des allées, sur les surfaces légèrement en pente, pensez à placer le paillage légèrement en creux, sinon les arrosages, les pluies et les vents l'emporteraient peu à peu.
- Fertilisez légèrement avant de pailler en épandant une couche de compost à raison de 1 kg / m^2. Cela amorce la décomposition du paillis.
- Arrosez avant de pailler, une terre sèche recouverte de paillis risquerait de le rester longtemps, jusqu'au retour des fortes pluies.

La bonne période

Vous pouvez mettre en place le paillage à tout moment. Toutefois quelques bon réflexes peuvent optimiser l'opération.

- Avant de pailler les jeunes plantations, notamment de légumes, attendez que les plantes aient une taille suffisante pour ne pas être étouffées.
- Le paillage peut gêner l'assèchement de la terre et son réchauffement à la sortie de l'hiver. C'est encore plus vrai pour les terres humides, lourdes et argileuses. Différez, alors, au mois de mai le paillage du potager et du verger.

Une bonne couche de paille permet de stocker l'humidité au pied de la plante durant plusieurs jours

Le paillis sert aussi à protéger les plantes du froid

Quel paillage choisir ?

Le choix dépend de la durée de vie requise du paillis (1 an pour les massifs de plantes annuelles ou le potager, plusieurs années pour les arbustes), de sa disponibilité, de son coût et de son côté esthétique.

Tontes de gazon

Utilisation : en couche de 5 cm au maximum de déchets de tonte préalablement séchés au soleil pendant 2 ou 3 jours.

Durée de vie : quelques semaines à quelques mois

Avantages : se décompose rapidement. Disponible sur place.

Inconvénients : si la couche est trop épaisse ou en cas de fortes pluies, produit un feutrage imperméable.

Feuilles mortes

Utilisation : au pied des arbres, des arbustes et des haies.

Durée de vie : 6 mois à plus d'un an selon la nature des essences.

Avantages : un simple ratissage suffit à les mettre en place. Disponible en abondance sur place, mais seulement en automne.

Inconvénients : demande beaucoup d'azote pour sa décomposition. Pensez à épandre du compost avant la chute des feuilles.

Paille

Utilisation : c'est le paillage idéal.

Durée de vie : plusieurs mois à plus d'un an.

Avantages : bien aéré, bonne rétention en eau, esthétique.

Inconvénients : pas très facile à trouver et à transporter quand on habite en ville.

Paillettes de lin ou de chanvre

Utilisation : sa texture fine est idéale pour une mise en place dans les endroits réclamant un peu de minutie, comme les massifs fleuris.

Durée de vie : de plusieurs mois à 2 ans.

Avantages : efficace contre la levée des mauvaises herbes. Se décompose sans consommer trop d'azote.

Inconvénients : un peu compact, il peut favoriser le ruissellement de l'eau et empêcher sa pénétration.

Écorces de fèves de cacao

Utilisation : à réserver aux petites étendues, car son coût est élevé.

Durée de vie : plusieurs mois à 2 ans.

Avantages : très esthétique, odeur délicieuse de cacao par temps sec...

Inconvénients : ... mais sous l'effet de l'humidité et de la chaleur sa fermentation dégage une odeur désagréable !

Écorces de pin

Utilisation : disponible en plusieurs calibres.

Durée de vie : plusieurs années

Avantages : côté esthétique passe-partout.

Inconvénients : coût assez élevé, acidification des terrains et gourmand en azote. Attention à l'acidification du sol à la longue

Écorces de feuillus

Utilisation : mélange d'écorces de plusieurs essences forestières, pour les petites surfaces, les pots et les jardinières.

Durée de vie : 1 à 2 ans.

Avantages : pas d'acidification du sol lors de la décomposition.

Inconvénients : assez coûteux .

Préférez les écorces de feuillus

Broyat maison

Utilisation : issu d'une grande diversité de déchets du jardin, il est passe-partout et convient à toutes les plantations.

Durée de vie : 1 à 2 ans.

Avantages : matière première abondante sur place. Permet de recycler ses propres déchets .

Inconvénients : il est préférable de le laisser de côté pendant un an avant épandage, surtout pour les jeunes plantations.

Feutres

Utilisation : ces feutres de fibres végétales (coco, lin coton...) sont à réserver aux plantations individuelles d'arbres et d'arbustes.

Durée de vie : une à plusieurs années.

Avantages : entièrement biodégradables, à l'inverse des films plastiques courants. Laissent l'eau s'infiltrer et permettent une bonne respiration.

Inconvénients : coûteux, mise en place un peu plus délicate. Se dégradent plus rapidement sur terrains humides.

Films plastiques

Utilisation : les films en polypropylène ou en polyéthylène sont surtout utiles lors de la plantation de massifs et de haies, pour empêcher la concurrence des mauvaises herbes pendant les trois premières années.

Durée de vie : plus de 20 ans.

Avantages : peu coûteux et très efficace pour conserver l'humidité, contenir les mauvaises herbes et réchauffer le sol.

Inconvénients : inesthétique et non biodégradable. On peut leur préférer les voiles non tissés.

Les films plastiques sont inesthétiques, mais très efficaces sur les grandes superficies

À retenir :

- J'adopte le paillage sous toutes ses formes sans hésitation.

LE DÉSHERBAGE

En langage bio, on ne parle plus de mauvaises herbes mais de plantes indésirables, celles qui ne sont pas prévues dans les attentes du jardinier. Il faut les considérer avec un autre regard, puisque toutes sont utiles à la vie des insectes, à la protection du sol, et à sa nourriture lorsqu'elles rejoignent le cycle de l'humus.

Mais qu'ont-elles de mauvais, ces herbes ?

Éventuellement un aspect inesthétique, qu'il faut relativiser car bien des plantes sauvages n'ont rien à envier aux obtentions horticoles.

Elles sont soupçonnées de propager les maladies fongiques ou de servir de refuge aux parasites, mais rien n'est prouvé au jardin familial.

Le grief majeur à retenir contre elle est leur redoutable esprit de compétition. Elles détournent l'eau et les éléments nutritifs à leur profit pour croître, et étouffer les jeunes plants que vous avez mis en place. Le problème est particulièrement aigu pour les semis.

Sinon, elles ne sont pas de taille à lutter contre les arbustes ou les grosses touffes de vivaces.

Par ailleurs, elles ont de bons côtés, à commencer par leur floraison souvent mellifère, qui est une source de nourriture pour les papillons et les insectes.

Mais, même débarrassées de leur qualificatif par un tour de passe-passe sémantique, certaines sont encore de trop au jardin et leur élimination demande un peu d'effort et surtout de patience.

La première étape est d'empêcher leur développement. Le recours au paillage est une bonne solution, il en existe d'autres complétées par une série de petits gestes simples.

Occupez le terrain

L'idée est simple : partout où le sol est nu les plantes indésirables prospèrent. Plantez les parcelles d'engrais vert, ou simplement d'espèces végétales exubérantes, qualifiées de manière abusive de « cultures autonettoyantes ». Dans ce domaine, les cucurbitacées sont imbattables. Semez courgettes, potirons, coloquintes à faire courir sur le sol, ou melons et pastèques, même si vous ne devez pas récolter.

Les courges s'étalent sur le sol, empêchant la levée des mauvaises herbes

Réinventez l'eau chaude

De l'eau portée à ébullition est le moyen le plus simple et économique d'appliquer le désherbage thermique. À transvaser dans un arrosoir en métal, évitez les matières plastiques et le pulvérisateur à main. Limitez le champ d'application aux encoignures, aux allées et aux interstices, entre les dalles de jardin, par exemple, à distance respectable des plantations, car vous aurez du mal à contrôler son application.

Le faux-semis

Le travail du sol, même à faible profondeur, fait toujours remonter des graines indésirables vers la surface, qui germent sur ce magnifique terrain vierge.

Avant d'ensemencer ou de planter un massif de fleurs ou un carré au potager, préparez le terrain de manière classique, puis laissez passer une à deux semaines, le temps d'observer la levée des mauvaises herbes. Il vous reste à faire un petit travail de désherbage.

Un petit coup de sécateur

Pas le temps ou pas l'envie de désherber ? Si vous devez différer cette tâche, prenez la précaution de donner un petit coup de sécateur avant la montée à graines ou la formation des fruits, vous limiterez considérablement la levée des indésirables.

Abandonnez les outils rotatifs...

Évitez d'utiliser le motoculteur, la motobêche ou le rotavator dans un terrain déjà colonisé par les mauvaises herbes. Ils hachent les racines en petits fragments qui donneront chacun une nouvelle plante au bout de la deuxième année. Un véritable bouturage !

...et choisissez les bons outils

La bêche plate donne le même résultat. Utilisez la fourche à dents pour le travail du sol et les outils adaptés au désherbage manuel, sarcloir, houe...

L'arrachage est un geste simple, mais encore faut-il bien le réaliser pour qu'il soit efficace. Opérez sur une terre naturellement humide ou bien arrosée la veille. Utilisez un couteau à désherber ou à défaut une petite pelle à terreau, et prélevez la plante entière en allant chercher la racine aussi loin que possible lorsqu'elle est vigoureuse, sinon gare à la repousse ! C'est seulement ainsi que vous éliminerez certaines coriaces comme le liseron, la fougère aigle, le chiendent, la renoncule ficaire, la potentille rampante, le rumex ou l'oxalis.

Petit rappel : ne jetez pas ces espèces sur le tas de compost !

Allez chercher les racines en profondeur pour un parfait désherbage

Les espèces annuelles et les bisannuelles sont les premières à se développer sur un terrain travaillé, les vivaces suivent.

Si la plupart des espèces réalisent un seul cycle dans l'année, certaines, comme le séneçon commun, produisent plusieurs générations. Raison de plus pour être vigilant.

Et le chimique ?

Pas d'angélisme malvenu : le bio ne répond pas aux sérieux problèmes posés par le débroussaillage, encore moins à celui du dessouchage.

Utilisez alors un désherbant systémique, de préférence à base de glyphosate, qui pénètre dans toutes les parties de la plante, mais qui s'exporte peu dans le sol, et surtout respectez les doses préconisées par le fabriquant.

À retenir :

- Je bannis toute forme de désherbant chimique.

Le désherbage des semis est un peu fastidieux, mais inévitable

Pour les herbes faiblement enracinées, un simple sarclage est suffisant

LES ANIMAUX UTILES

Paradoxe du bio :
il faut protéger les animaux...

BioJardiner, c'est aussi favoriser l'apparition des animaux dans son jardin. Pas facile de faire preuve de discernement, car certains sont utiles, d'autres indésirables ou même nuisibles, et souvent les mêmes peuvent jouer l'un et l'autre rôle, selon les circonstances. Ainsi, en hiver, nous nourrirons et protégerons les oiseaux... pour les faire fuir au moment de la récolte des fruits. Pas toujours facile de gérer la nature !!!

Les lézards, les petits rongeurs, les musaraignes, les hérissons, les grenouilles et les crapauds... tout cela a son utilité. Dans les jardins de moyenne importance, ménagez des abris à l'écart de la maison. Tas de pierres, fagots de bois, vieilles tuiles entreposées sont des refuges faciles à réaliser.

Mais, plus que tout, nous devons attirer les insectes et les papillons, car ils jouent un rôle actif dans la pollinisation, donc dans les récoltes. C'est d'autant plus important qu'ils sont décimés par l'agriculture intensive et qu'ils se reproduisent dans les endroits non cultivés et les jardins des particuliers. Bien entendu, dans cette démarche nous ne pourrons pas être sélectif et attirer seulement ceux qui nous intéressent. Peu importe, attirons, attirons, il en restera quelque chose, et les équilibres s'établiront sans notre intervention.

L'attention des insectes est retenue par les couleurs, plantez des fleurs aux coloris tapageurs. Plus encore, ils sont intéressés par le nectar, servez-leur à la louche en plantant les bonnes espèces.

Séduisez les papillons

Les plantes à nectar sont heureusement très nombreuses. Annuelles, vivaces, arbustes ou arbres, les idées ne manquent pas pour les utiliser au jardin comme sur les balcons.

Les Fabacées

Cette très grande famille, autrefois appelée Papilionacées, fourmille d'espèces mellifères. En semant des engrais verts (voir ce chapitre) vous ferez coup double. Trèfle, sainfoin luzerne, vesce, mélilot...

Dans les massifs fleuris, plantez des lupins, des pois de senteurs, des coronilles, dans les haies

...et s'en défendre selon les saisons

associées ou en isolé les genêts (*Cytisus, Genista, Spartium*…).

En arbre d'ornement, pensez aux acacias à fleurs blanches ou rouges.

Et aussi : les pois, les haricots, les fèves au potager.

Les aromatiques ont un grand pouvoir d'attraction. Au jardin ou sur votre balcon, cultivez toutes les lavandes, il en existe plusieurs dizaines dignes d'intérêt. Pour les pots orientez votre choix vers les variétés naines ou à petit développement, 'Nana compacta', 'Nana alba', 'Munstead'…

Le fenouil (*Foeniculum vulgare*) nourrit les papillons, mais aussi leurs chenilles, friandes de ses feuilles, telle celle du machaon.

Et aussi : le basilic, la bourrache officinale, la ciboulette, la marjolaine, la mélisse, la menthe, le romarin, le thym.

Au potager, laissez s'épanouir quelques artichauts. La partie consommable est en fait l'inflorescence cueillie avant la floraison. Faites fleurir les plus petits, et admirez les pompons hirsutes violets puis laissez monter à graines jusqu'en hiver pour nourrir les oiseaux.

Dans les jardins secs, semez des échinops (*Echinops ritro*). En été ses dizaines de petites fleurs bleues sont groupées en petits globes qui égayent les feuilles piquantes de ce faux chardon. Papillons, abeilles et bourdons seront du festin.

Semez de la scabieuse (*Scabiosa caucasica*) pour sa floraison bleue qui se prolonge tout l'été, et complétez les massifs par des touffes légères de verveine de Buenos Aires (*Verbena bonariensis*) qui se ressèmera toute seule.

Parmi les plantes fleuries faciles à cultiver, semez de l'agastache, des belles-de-nuit, des coquelicots, des nepetas, des œillets de poètes, des pâquerettes, des soucis et encore des plantes utiles comme l'œillet d'Inde, la capucine (voir ce chapitre).

Pensez aussi aux grimpantes. Les chèvrefeuilles, les jasmins et les glycines en tête, mais aussi les lierres et les clématites, plus discrets, ou le jasmin de Chine (*Trachelospermum jasminoïdes*) pour les climats tempérés.

Plantez des arbres tels que l'arbre de Judée (*Cercis siliquastrum*), le frêne à fleurs (*Fraxinus ornus*), tous les pins, le tilleul ou le sophora (*Sophora japonica*). Mieux encore, plantez des arbustes mellifères isolés ou en haie composée. Dans ce cas, pensez à marier les essences à feuillage persistant et caduc et à échelonner le plus possible les floraisons.

Une profusion de fleurs naturelles

Vous trouverez en jardinerie tout l'assortiment de graines de fleurs champêtres proposées seules on en mélanges thématiques pour redonner un coup de naturel à votre jardin. Semées une fois pour toutes la première année, il suffit de les laisser monter à graines pour qu'elles se ressèment.

Exemple de haie moyenne

Les plantes sont disposées en quinconce sur deux lignes et espacées de 1,50 m les unes des autres.

Buddleya (x 3) : caduc, à port compact, 1,50 m à 2 m. 'Nanho Blue', 'Pink Delight', 'Summer Beauty' ou 'Lochinch'. **Bu**

Pyracantha (x 4) : 2 m et plus, mais se taille facilement, persistant, à fruits rouges, jaunes ou orange, résistant au feu bactérien de préférence. 'Cadrou', 'Cadrange', 'Cadaune'. Floraison blanche. **Py**

Elaeagnus x ebbingei (x 3) : persistant, 2 à 3 m. Fleurs insignifiantes, mais très parfumées. Baies utiles aux oiseaux. **Eb**

Ceanothus persistant (x 3) : 2 m et plus, floraison bleue. 'Concha', 'Thyrsiflorus', impressus 'Puget Blue'. **Ce**

Cotoneaster persistant (x 4) : *C. lacteus* (3 m) ou *C. franchetti* (2 m). Floraison blanche, fruits rouges. **Co**

Spirée (x 3) : caduc, x van Houttei, 2 m, à floraison blanche. **Sp**

Ici échelle 15 m

Buddleya

Pyracantha

Elaeagnus ebbingei

Py Py Py Bu Eb Eb Co Sp Co Ce

Py Bu Bu Eb Sp Co Sp Ce Co Ce

Céanothe

Cotoneaster

Spirée

Exemple de haie pour les climats doux

Les plantes sont positionnées sur une première ligne de fond, espacées de 1,50 m. Une deuxième ligne placée devant est composée d'essences à petit développement, distantes de 1 m.

Ligne du fond

Viburnum tinus (x 3) : persistant, floraison blanche de décembre à avril, 3 à 4 m. **Vt**

Pittosporum tobira (x 4) : persistant, floraison blanche en avril-mai, 3 à 4 m. **Pt**

Spartium junceum (x 3): persistant, floraison jaune entre juin et septembre, 2,50 à 3 m. **Sj**

Ici échelle 12 m

Pittosporum tobira

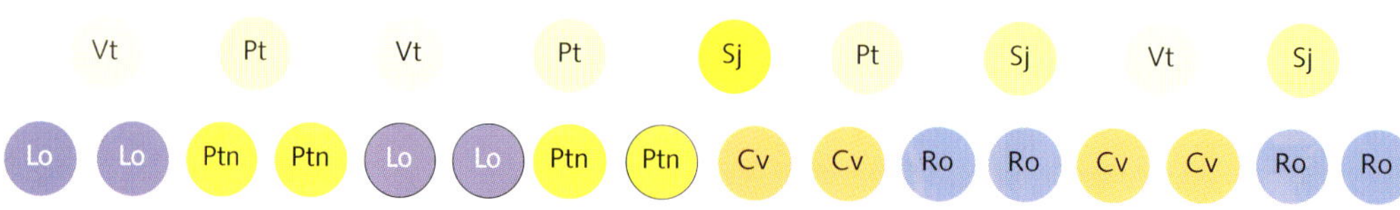

Viburnum tinus

Spartium junceum

Ligne de devant

Lavande (x 4) : persistant, floraison bleue en juin-juillet, 80 cm à 1 m. **Lo**

Romarin (x 4) : persistant, floraison bleue de mars à mai, 1 m à 1,50 m. **Ro**

Coronille (x 4) : persistant, floraison jaune d'avril à juin, 1 m. **Cv**

Pittosporum tobira 'Nanum' (x 4) : persistant, floraison jaune en avril-mai, 1 m. **Ptn**

À retenir :

- Je favorise l'arrivée des insectes et des papillons, c'est d'autant plus facile que j'ai déjà abandonné la plupart des insecticides.
- Je plante des plantes mellifères.
- Je ménage des abris pour tous les autres animaux.

Lavande

Coronille

Pittosporum tobira 'Nanum'

Romarin

LA RÉCOLTE DES GRAINES

Les récoltes de fruits et de légumes et la profusion de fleurs dans les massifs incitent le jardinier à renouveler ses succès dès la saison suivante. Il est alors tenté de récolter ses graines pour être au rendez-vous. Toutefois, tout n'est pas aussi simple dans le monde des semences.

Les hybrides F1...

Un bon melon juteux, des tomates fermes pour la salade ? Jetez un coup d'œil avant tout au paquet de graines que vous avez utilisées. La mention hybride F1 indique que vous avez semé une espèce végétale longuement sélectionnée par les obtenteurs. Sans rentrer dans le détail, sachez que des graines prélevées sur de telles plantes ne reproduisent pas fidèlement les caractères dans le semis suivant. C'est pourquoi on doit acheter tous les ans les semences F1, plutôt onéreuses à l'achat.

...et les autres

Il n'y a au contraire aucune contre-indication pour récolter tous les ans les graines des autres végétaux. C'est même vivement conseillé si vous avez la fibre d'un acteur de la biodiversité. De plus, vous serez sûr que les graines sont bio.

Au potager, notamment, les anciennes variétés de légumes sont un réservoir inépuisable de saveurs. Ces légumes ont été délaissés par l'agriculture, car ils sont souvent difficiles à stocker, à transporter ou simplement jugés peu agréables à l'œil.

Prenez-en de la graine

- Choisissez les plus beaux légumes et fruits parmi les premiers arrivés à maturité : ce sont souvent les meilleurs.
- Laissez monter à graines.
- À complète maturité des semences, secouez les fructifications au-dessus d'un linge propre, ou extrayez-les des fruits pulpeux et lavez-les.
- Laissez sécher les graines si nécessaire, de préférence à l'ombre et dans un lieu ventilé.
- Supprimez les déchets végétaux et ensachez, sans oublier d'étiqueter.
- Conservez les sachets au sec et à l'abri de la lumière.

La plupart des graines de légumes et de fleurs se conservent au moins 4 ans dans ces conditions.

Arrachez les pieds de légumes à gousses (pois, haricots, fèves...) et suspendez-les la tête en bas dans un local aéré pour parfaire la maturation.

Les graines bio commercialisables

Vous pourrez trouver un éventail de plus en plus large de graines bio dans les jardineries, pour toutes les espèces que vous ne pourrez pas récolter vous-même. Elles sont issues de plantes cultivées en agriculture biologique pendant au moins une génération, garanties sans traitements chimiques pour leur conservation, et sans OGM, bien entendu.

Même les tubercules de pommes de terre sont maintenant disponibles.

Parrainez une aubergine

Ou une tomate ou encore un poivron. L'association Kokopelli propose un abondant catalogue de légumes de près de 400 p. Mieux encore, vous pouvez vous engager à devenir le parrain d'une variété en assurant sa conservation dans votre jardin familial et la production de semences qui seront envoyées dans un pays du Tiers-Monde.

Association Kokopelli

131, impasse des Palmiers

30100 Alès

Tél 04.66.30.00.55

Retrouvez l'âme des pionniers

L'association américaine 'Seed Savers' propose un étonnant catalogue des anciennes espèces de légumes, de fruits et de fleurs amenées d'Europe par les pionniers et précieusement conservées depuis. Une mine de découvertes étranges pour nous, Européens, et un bond en arrière dans le temps. À découvrir.

www.seedsavers.org.

Seed Savers Exchange

3076 North Winn Road

Decorah

IA 52101

U.S.A.

À retenir :

- Je récolte mes graines.
- J'utilise des graines bio du commerce.

C'est simple, mais pensez à étiqueter vos sachets de graines, sans oublier la date de la récolte

LES RELATIONS ENTRE LES PLANTES

♣ ♣ Piste pour progresser

Amitiés et antagonismes se trament dans le calme apparent des potagers. Certains légumes s'aiment, d'autres pas du tout. À vous d'en tirer parti.

Dans le chapitre consacré à la rotation des cultures au potager, nous avons vu qu'il était important de respecter un ordre de passage sur les parcelles et un délai avant de cultiver à nouveau un légume au même endroit, ceci pour des raisons sanitaires et nutritionnelles, rappelons-le.

D'autres interactions peuvent être notées entre les plantes. Les nombreuses observations depuis le début du XXe siècle ont conduit les jardiniers à en tenir compte dans ce qui est appelé « les cultures associées ». Les exemples tirés de la nature sont nombreux, il était intéressant de les transposer en culture.

Toutefois, on peut le déplorer, la multitude de résultats enregistrés reste encore dans le domaine de l'empirisme, même si certains phénomènes ont été expliqués par l'expérimentation. De sorte que de nos jours chaque jardinier a son approche, que certaines observations sur le terrain sont incomplètes ou leurs résultats non croisés, voire même contradictoires. C'est pourquoi ce volet n'est pas indispensable au comportement bio, mais il est une voie à explorer et à réserver au potager dans une première approche.

Les mariages de raison

Les plantes amies ont tout à gagner à être cultivées à proximité. Dans certains cas, seul un des associés tire bénéfice de cette association.

- La pomme de terre, exposée aux doryphores, à tout à gagner de la présence du raifort ou du chanvre qui font fuir ces redoutables destructeurs.
- Le rosier apprécie le voisinage de la lavande qui fait fuir les pucerons.
- Toutes les plantes potagères sont reconnaissantes à l'œillet d'Inde pour repousser les aleurodes.
- Plus généralement, toutes les plantes aromatiques sont répulsives pour les insectes. Le basilic repousse les aleurodes, le romarin, la mouche de la carotte, la sauge officinale et la menthe, éloignent les fourmis et la piéride du chou, tout comme le céleri et l'absinthe.

Tous les œillets et les roses d'Inde sont efficaces

Dans le cas le plus favorable, les deux intervenants en profitent.

- La carotte tient à distance la mouche de l'oignon, et l'oignon celle de la carotte.
- Le poireau fait de même pour la carotte qui fait fuir la teigne du poireau.

- L'odeur aromatique de la tomate éloigne la mouche de la carotte, laquelle, par sa profonde racine en pivot, ameublit le sol, en retour.

Céleri et tomate : un bon exemple d'association favorable dans les deux sens

L'œillet d'Inde joue les pièges

Les nématodes sont de minuscules vers qui pénètrent dans les racines de certains légumes, les laitues entre autres. Leurs œufs sont capables de demeurer plus de 2 ans dans le sol. Les racines des œillets d'Inde, mais aussi celles des roses d'Inde, produisent des acides gras volatils qui provoquent l'éclosion des œufs. Les nématodes ne trouvant pas de plantes à parasiter meurent dans un second temps.

Plantez des œillets d'Inde à raison de 2 plants pour 6 plants de tomates, par exemple, ou utilisez-les en engrais vert pour nettoyer le sol avant une culture.

Et aussi...

En outre ils éloignent les aleurodes qui convoitent les concombres, les pucerons qui s'attaquent aux aubergines, et les altises qui s'en prennent aux choux.

Œillet d'Inde

Certaines plantes ont un moyen d'action détourné. Ainsi, les capucines attirent les aleurodes. En servant de capteurs, elles les détournent des autres cultures.

Le rosier est un excellent indicateur, c'est pourquoi il est planté en début de rangée dans les vignobles. Lorsqu'il attrape l'oïdium le moment est venu de traiter les vignes.

Les mauvaises associations

Certaines espèces végétales contrarient, voire stoppent la croissance de leurs voisines. Elles sécrètent des substances chimiques par leurs racines, et vont jusqu'à inhiber la germination des espèces concurrentes. Dans d'autres cas, elles altèrent le goût ou la conservation des fruits et des légumes. Enfin elles peuvent attirer les parasites qui vont s'attaquer aux plantes à proximité.

Le cresson est insupportable pour un grand nombre de légumes ; seuls le fraisier, le radis noir ou la tomate peuvent s'en accommoder.

Le noyer inhibe tout autour de lui, de même que l'eucalyptus. Tous les jardiniers savent que les courges « anesthésient » le goût des melons plantés trop près. L'aneth est utile, mais contrarie tous les semis, celui de la carotte en premier.

Les composés soufrés contenus dans les oignons diminuent fortement la prolifération des bactéries fixatrices d'azotes abrités par les racines des légumineuses qui ont alors une moindre vigueur.

Les tableaux ci-après (page 80) reprennent les associations à rechercher et à éviter pour les légumes les plus communément cultivés. Il faut noter que les résultats ne se recroisent pas pour toutes les données. Par exemple, dans le premier tableau, si la carotte aime le chou (ligne 3 / colonne 4), l'inverse n'est pas vrai ou pas prouvé par manque d'information (ligne 4 / colonne 3).

Les salades tirent bénéfice du voisinage des poireaux

À retenir :

- Je fais attention aux associations au potager.
- Je plante des aromatiques, des capucines et des œillets d'Inde dans tout le jardin et sur mon balcon.

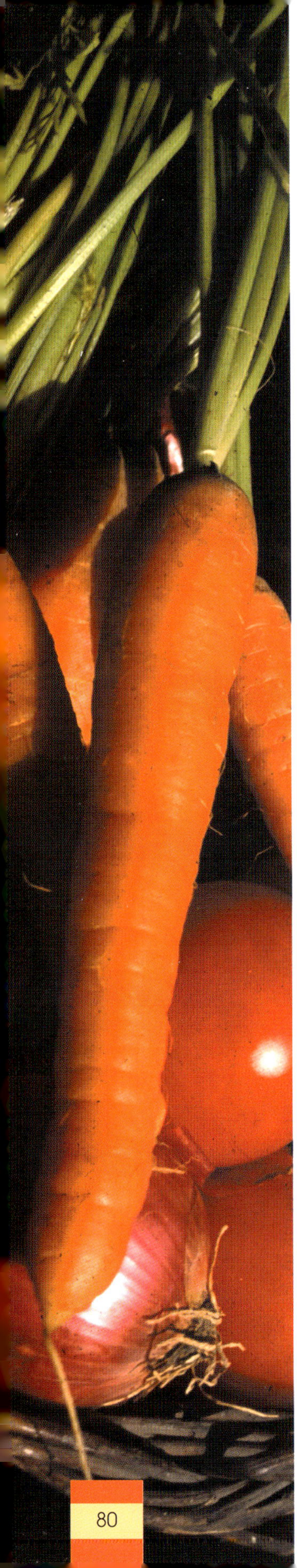

Les bonnes associations

	ail	aubergine	carotte	chou	courgette	échalote	épinard	fève	fraisier	haricot	laitue	mâche	melon	menthe	navet	oignon	persil	poireau	pois	p. de terre	radis	tomate
ail			●						●		●					●		●		●		●
aubergine				●						●												
carotte	●			●						●						●			●		●	●
chou		●					●			●									●			●
courgette																						
échalote																						
épinard				●					●	●	●								●		●	●
fève											●					●				●		
fraisier	●						●			●	●					●		●				
haricot		●	●						●		●		●	●						●	●	●
laitue	●		●	●			●	●	●	●			●		●	●		●	●		●	●
mâche																		●				
melon										●	●											
menthe																						
navet											●											
oignon	●		●								●											●
persil																						●
poireau	●		●				●					●				●			●			●
pois			●	●			●				●									●	●	
p. de terre	●							●	●	●	●								●			●
radis			●				●	●	●										●			●
tomate	●		●	●						●						●	●	●		●	●	●

Les mauvaises associations

	ail	aubergine	carotte	chou	courgette	échalote	épinard	fève	fraisier	haricot	laitue	mâche	melon	menthe	navet	oignon	persil	poireau	pois	p. de terre	radis	tomate
ail										●												
aubergine																				●		
carotte														●								
chou	●								●												●	
courgette				●									●							●		
échalote										●									●			
épinard																						
fève																						
fraisier				●																		
haricot	●					●										●		●				
laitue																						
mâche																						
melon					●																	
menthe																						
navet																						
oignon								●		●									●			
persil																			●			
poireau										●												
pois	●					●				●						●	●	●				●
p. de terre		●		●	●																	
radis				●																		
tomate																			●			

UNE TERRASSE BIO

Le biojardinage est aussi l'affaire des propriétaires de balcons et de terrasses, grands consommateurs de produits phytosanitaires et d'engrais chimiques

Pas besoin d'être un gros propriétaire foncier pour goûter aux joies du jardinage. Comme pour beaucoup de Français, votre petit coin de bonheur se résume à un balcon, une terrasse, ou un petit rez-de-jardin. Le jardinage bio vous concerne aussi.

D'autant plus que vous êtes des millions, et que la quantité de pesticides, d'engrais chimiques et de désherbants que vous utilisez est phénoménale. Vous aussi contribuerez au respect de l'environnement en passant au bio.

Ce chapitre vous est destiné. Vous n'y trouverez rien de nouveau par rapport aux précédents, dans lesquels vous aurez tous les détails, mais il prend la forme d'une synthèse pratique, un livre dans le livre, en quelque sorte.

Je prends soin de mon sol : le terreau

Dans les pots et les jardinières, le sol est constitué par le support de culture. On le désigne par le raccourci de « terreau », mais ce constituant est souvent associé à d'autres ingrédients dans des mélanges de plus en plus élaborés.

Un bon support doit être :

- aéré pour favoriser les échanges gazeux au niveau des racines,
- léger pour permettre le développement d'un appareil racinaire abondant,
- absorbant pour retenir l'eau
- nourricier pour pourvoir à la nutrition des plantes.

Beaucoup de choses dans un petit volume : vous ne devez jamais lésiner sur la qualité du terreau. Les différences de prix relevées dans le commerce sont justifiées.

• J'utilise une formulation enrichie en composés d'origine organique (fumier d'algues, guano…).

• J'évite la consommation de tourbe, dans la mesure du possible.

Ce volume restreint demande un peu d'entretien.

Une fois par an, surfacez les jardinières et les pots : ôtez quelques centimètres de vieux terreau, sans endommager les racines, pour le remplacer par du tout neuf.

Rempotez les plantes cultivées dans les petits pots, et aussi souvent que possible entre mars et septembre, griffez légèrement la surface à l'aide d'une griffe à main pour l'aérer.

Je nourris mes plantes : les engrais

Les formulations spécifiques sont nombreuses pour les plantes en pots : plantes fleuries, rosiers, géraniums, agrumes, fruitiers, plantes vertes… Toutes sont maintenant disponibles en bio.

• En poudre, en granulés ou liquide, j'utilise des engrais bio. Je recherche sur les emballages la mention « Utilisable en agriculture biologique conformément à l'annexe II-A du règlement CEE n° 2092/91 modifié ».

Je soigne mes plantes

La lutte contre les insectes s'engage seulement dès l'apparition des premiers individus. Il est important d'observer ses plantes une fois par semaine, sans oublier de soulever les feuilles, à partir de début mars dans les régions les plus douces et jusqu'à fin septembre.

• J'utilise uniquement des insecticides à base de roténone ou de pyréthrines.

• Contre les cochenilles, j'emploie des huiles blanches, du savon liquide, ou mieux, je supprime les premiers sujets d'un coup d'ongle et je fais un traitement en fin d'automne.

Pour des floraisons généreuses, la nutrition doit être soutenue, mais 100 % bio

Des formulations spécifiques et prêtes à l'emploi sont disponibles pour une bonne vigueur des plantes en pots

La lutte contre les champignons est moins problématique car peu se développent sur les plantes en pot. Les plus dévastateurs, à savoir les pourritures, prolifèrent souvent à la faveur d'excès d'arrosage.

• Je fais un traitement à la bouillie bordelaise en fin d'automne et au début de printemps pour les arbustes.

• Je recherche sur les emballages la mention « Utilisable en agriculture biologique conformément à l'annexe II-A du règlement CEE n° 2092/91 modifié ».

Je m'inquiète de la vigueur des plantes

Ne perdez pas de vue que des plantes vigoureuses sont moins exposées aux maladies et aux parasites.

En complément à une bonne nutrition, vous pouvez renforcer la bonne santé de vos plantations.

• J'apporte du purin d'ortie en arrosage ou en pulvérisation d'une solution toute prête du commerce, entre avril et septembre, à raison d'un apport toutes les trois semaines.

Je redouble de vigilance en véranda

Ce milieu peu aéré favorise la pullulation des parasites, notamment des cochenilles et des acariens, par temps chaud.

• Je fais appel aux auxiliaires dirigés aussi contre les mouches blanches et les pucerons.

J'arrose correctement

Ni trop, ni trop peu, c'est la bonne dose. Un manque d'eau pénalise rapidement la croissance, et même la survie de la plante ; un excès favorise le développement des pourritures et entraîne l'asphyxie racinaire.

Apporter l'eau par-dessus le terreau ? par dessous, dans une soucoupe ? une fois, deux fois ou plus par semaine ?

Laissez de côté ces « graves » questions qui hantent les jardiniers néophytes depuis des lustres. Touchez la surface du terreau avec le dos de la main : il doit en permanence avoir l'humidité d'une éponge essorée. Un point c'est tout !

- Je laisse décanter l'eau du robinet pendant une nuit avant d'arroser, pas systématiquement mais aussi souvent que possible, pour réduire les apports de chlore.

Je plante raisonné et raisonnable

Même sur un balcon, inutile de ramer à contre-courant. Un olivier a peu à faire à Dunkerque pas plus qu'un rhododendron à Nice.

- Je sème des annuelles utiles au mois de mars, des œillets d'Inde, des capucines, du basilic pour le côté sanitaire, de l'héliotrope, des pois de senteur, de l'alysse odorant, des giroflées pour le plaisir de retrouver les papillons.

La panoplie

Inutile de vous encombrer pour entretenir votre décor, contentez-vous des outils et des produits nécessaires.

Songez que les bons outils durent une vie de jardinier, et même plusieurs, achetez du costaud, et du beau aussi pour compléter le plaisir, les jardineries regorgent de propositions.

- Un sécateur à main
- Une griffe à main
- Un arrosoir de petite capacité avec un long bec et une pomme fine
- Un pulvérisateur de 0,5 à 1 litre, pas plus
- Une paire de gants souples éventuellement
- Un semoir à main pour des semis réguliers

- Deux insecticides, un à base de roténone l'autre à base de pyrétrhine, à utiliser en alternance
- Un sac de terreau enrichi en fumier d'algues
- Un flacon de purin d'ortie
- Un produit à base d'huile blanche
- Un ou plusieurs engrais bio. Si vous avez peu de plantes différentes la formulation 'Engrais Universel' est largement suffisante.
- Un petit paquet de bouillie bordelaise.

L'assortiment des produits phytosanitaires permet de passer au tout bio pour la culture en pots

CARNET D'ADRESSES

Graines

Graines Baumaux
BP 100
54062 Nancy Cedex
Tél. : 03 83 15 86 86

Le Biau Germe
47360 Montpezat
Tél. : 05 53 93 95 04

La Ferme de Sainte-Marthe
BP 10
41700 Cour Cheverny
Tél. : 02 54 44 20 86
www.ferme-de-sainte-marthe.com

Phytosem
(Espèces florales sauvages)
ZI Plaine de Lachaup
05000 Gap
Tél. : 04 92 53 94 37

Produits de traitements et engrais

Hector Produits naturels
22 A, rue Claire Oster
57200 Sarreguemines
Tél. : 03 87 95 33 20

Natura
2, rue d'Hanoï
58000 Nevers
Tél. : 03 86 61 08 28

La boutique de Jean-Paul le Jardinier
18, rue des boulangers
et 26, rue Henriette
68100 Mulhouse
Tél. 03 89 45 11 21
www.jeanpaullejardinier.com

Pour obtenir le revendeur de leurs produits le plus proche de votre domicile :

CP Jardin
BP 56
59570 Bavay
Tél. 03 27 66 97 12

Solabiol
BP 82
13371 Marseille Cedex 11
Tél. : 04 91 24 44 88

Profertyl –Victor le Jardinier
BP 204
14209 Hérouville-Saint-Clair
Tél. : 02 31 47 15 90

Auxiliaires de culture

Biotop
1306, route de Biot
06560 Valbonne
Tél. : 04 93 12 17 89

Esprit-Jardin
Le Ridereau
49800 Andard
Tél. 08 00 65 66 30
www.esprit-jardin.com

Harmonia
168, route de Lignère
74540 Saint-Félix
Tél. : 04 50 60 99 30

Magellan
ZA des Landes
24290 La Chapelle – Aubareil
Tél. : 05 53 51 22 25

Association

Terre Vivante
Domaine de Raud
38710 Mens
Tél. : 04 76 34 80 80

Outillage

Grelin
(Grelinette)
73800 Arbin
Tél. : 04 79 84 14 53

INDEX

TABLE DES MATIÈRES

Collection "Pas à pas"

Le Bonsaï pas à pas, 2001

La Haie méditerranéenne pas à pas, 2001

L'Olivier pas à pas, 2003

Le Palmier pas à pas, 2004

La Rose pas à pas, 2004

Découvrez les Bisannuelles pas à pas, 2004

Le BioJardin pas à pas, 2005

Le Potager pas à pas, 2005

Découvrez les Bananiers, Cannas, Alpinias…, 2005

Les Bambous pas à pas, 2005

Achevé d'imprimer en janvier 2005
Dépôt légal à parution
Imprimé en UE